国家戦略特区の正体

外資に売られる日本

郭 洋春
Kwak Yangchoon

a pilot of wisdom

はじめに

私は経済学者として、主にアジアにおける「開発」をテーマに研究活動をおこなっている。そして、開発途上国が工業化に向けた開発をおこなう際に重要な手段のひとつとなる特別経済区（Special Economic Zone／以下、本書では特別経済区一般について「ＳＥＺ」と表記する）については特に注目し、考察を続けてきた。

その立場で、自分のこれまでの研究に照らし合わせ「いったい、なんのために？」と大きな疑問を感じざるを得ないのが、安倍《あべ》晋三政権が二〇一四年五月に全国六区域を認定したところから始まり、二〇一五年八月に三区域を追加認定、さらに一二月に国家戦略特別区域諮問会議において第三次指定として三区域（新規は一区域）の追加を決定するなど、現在もトップダウン型で推し進めている「国家戦略特区」である。ＳＥＺの経済学的定義については第一章で詳述するが、国家戦略特区もその範疇《はんちゅう》にある。

しかし最初に述べた通り、SEZとは本来、主に途上国が工業化を実現していく際に用いる手段である。事実、ILO（国際労働機関）のデータによると、世界には二〇〇六年時点で一三〇カ国・三五〇〇区域のSEZが存在していて、現在も増え続けているが、そのほとんどは途上国に設置されているものだ。

SEZの成功例として一般的に広く認められているのは、一九七九年、中国が鄧小平《とうしょうへい》の開放政策によって深圳《しんせん》、珠海《しゅかい》、汕頭《スワトウ》、廈門《アモイ》の四カ所に設置した「経済特区」である。日本でSEZ一般を経済特区と呼ぶことが多いのも、ここに由来する。中国は一九八八年に海南《ハイナン》も経済特区に指定し、これも機能した。これらの成功を経済的起爆剤として、中国は工業化に成功し、現在では世界第二位のGDPを誇るまでになったのである。

その中国ですら、経済的成長の実現後、新たに設置したSEZでは、かつてのような成功は収められていない。つまり、SEZは途上国でこそ真価を発揮する開発への手段ということができよう（その実例としてカンボジアのSEZを第三章で紹介する）。逆にいえば、日本という経済的に成熟の域に達しているはずの国家で安倍政権が推し進める国家戦略特区は成功が極めて難しく、もし成功すれば、人類史上初の例となるはずだ。

そもそも「成功」とは、設定した目的を実現した際に用いられる言葉である。安倍政権が掲げる国家戦略特区の目的がどこにあるのか、私には謎《なぞ》だ。日本を「世界で一番ビジネスがしやすい環境」とすることが国家戦略特区設置の主な目的となっているが、それは具体的にどのような国家像なのか。

いっぽうで、国民の一般的認識としては国家戦略特区とは別個の政策として進められているものに、労働・雇用形態に関する法制の改定がある。いわゆる「残業代ゼロ法案」「派遣労働者の固定化」といわれる法案だが、「世界で一番ビジネスがしやすい国とは、具体的にどんな国か？」と考えながら、これらの法案が成立に向けて進んでいくのを見れば、謎は疑問に、疑問はさらに疑念へと変わっていくかもしれない。

さらに、二〇一五年一〇月初旬に「大筋で合意」したことが伝えられ、条約締結に向けての最終段階にあるＴＰＰ（環太平洋戦略的経済連携協定）に対し、国家戦略特区がどのように関連するのかを考えれば、その〝真の目的〟が見えてくるだろう。

本書は、人類にとって異例の試みといえる国家戦略特区を前記のような視点で詳細に検証することを目的とした論考である。

目次

第四章　「国家戦略特区」は日本の破滅を招く——147

第一章　「国家戦略特区」とはなにか

アベノミクスと国家戦略特区

二〇一二年一二月に発足した第二次安倍政権は、アベノミクスと呼ばれる経済政策を実行している。

その「第一の矢」は、大胆な金融政策。主にデフレ対策と輸出産業に利する円安誘導を目的に、貨幣の供給量を増やす〝異次元の量的緩和〟をおこなっている。「第二の矢」は、機動的な財政政策。これは「コンクリートから人へ」を掲げた民主党政権時代に冷え込んだ公共投資を再び増やす政策だ。

そして「第三の矢」は、民間投資を喚起する成長戦略である。首相官邸のホームページでは「規制緩和等によって、民間企業や個人が真の実力を発揮できる社会へ」と解説されている。非常に抽象的な〝戦略〟だが、国家戦略特区構想は、この「第三の矢」の具体策のひとつと位置づけられている。

国家戦略特区は、正式には「国家戦略特別区域」といい、二〇一三年一二月に成立した国家戦略特別区域法が根拠法である。特定秘密保護法（特定秘密の保護に関する法律）の採決を巡って国会が紛糾していた陰でひっそりと成立した法律であることに注意が必要だ。そのためか、国民にはその実像がよく知られていない。

私は、国家戦略特区の内容を精査していくうちに、これを「異形の特区」と呼ぶようになった。なぜ、どこが、異形なのか？ それを明らかにすることが本書の目的だが、まずは経済学におけるSEZ（特別経済区）の定義を紹介しておきたい。「正常な特区」を知ることが、国家戦略特区がいかに異形のものであるかを理解する第一歩になると考えるからだ。

特別経済区とはなにか

SEZの定義について、ILO（国際労働機関）は一九九八年、次のように示している。

「外国投資を誘致するために特別な優遇策を付与された産業地区。地区に輸入された財は再輸出のために程度の差はあるが加工される」

また、一九九二年に世界銀行は、

「囲いで仕切られた工業団地で輸出向け製造業に特化したもの。入居企業に対して自由貿易的条件とリベラルな規制環境を提供する」

との定義を示している。

これらの定義を踏まえて、SEZについては次のような条件・性格を持つ区域であるということができるだろう。

①外国からの投資を誘致するために、投資受け入れ国の他区域以上の水準でビジネス・インフラとサービス（土地・オフィススペース、電気・ガス・水道、物流サービス、ビジネスサービスなど）が提供されること。

②柔軟なビジネス規制。労働その他のビジネス関連法規の柔軟性が投資受け入れ国の他区域に比べて高く、許認可申請・関税事務などが簡素化され、役所手続きが最小限に

抑えられることが必要だ。

③区域内の企業がターゲットとする市場は、投資受け入れ国外の輸出市場にフォーカスすること。

④外国投資に対して必要な原材料などの輸入に対する関税の減免、売上税・法人税などの減免といった魅力的なインセンティブ・パッケージがあること。

後述するが、日本のSEZ、特に国家戦略特区を含めて近年に設置されたものは②の「規制緩和」に考え方が偏っている傾向がある。「SEZ＝規制緩和」という勘違いがあるように感じるのだが、本来は①〜④までの条件を充《み》たすものがSEZである。

①のインフラ整備はあたりまえのことに思えるかもしれないが、インフラの整っていない原野に一から工場を建てようという企業はないはずだ。そして、投資受け入れ国の法規制に対しても、出資企業の経済活動を妨げることがないように②の規制緩和がおこなわれる。また、投資受け入れ国にとっては、外国投資によって生産された製品が国内で消費されたのでは経済発展につながらないため③の条件が必要となる。④は、出資企業が自国内

やほかの投資受け入れ国ではなく、その国で事業をおこなうことを選択するための判断材料となる。

これらの条件・性格を有するのがSEZである。投資をおこなう外国企業にとっては魅力的な条件が揃《そろ》っているが、これらのビジネス・インフラを投資受け入れ国全体で整備しようとすれば、大きなコストと制度改革のための時間が必要となる。そこで、特定の区域に限定して、治外法権的に新たな経済システムを運営し、その効果を最終的には投資受け入れ国全体に拡《ひろ》めていこうというのがSEZを設置する主要目的だ。

特別経済区の歴史

第二次世界大戦後、最初のSEZは、一九五九年にアイルランドで設置された「シャノン空港輸出加工区」だと認識されている。

輸出加工区（Export Processing Zone＝EPZ）は、SEZのなかでも特に外国籍を中心とした輸出だけをおこなう企業にのみ開かれ、国内経済とは完全に切り離された工業団地を意味する。

SEZの類型としては、輸出加工区のほかに次のようなものがある。輸出加工区に加え、輸出目的にかぎらずすべての産業に開かれた地域を併せ持つ複合型EPZ（Hybrid EPZ）。より小規模な免税地区で、国内市場への販売も免税分の税金を払えば可能となる商業自由地区（Commercial Free Zone）。特定の企業に対して輸出加工区と同様の優遇策が提供される単一工場型EPZ（Single Factory EPZ）。ソフトウェア・インターネット産業団地、金融サービス特区、観光特区のように特定の産業に対して優遇策が提供される特定産業地区（Specialized Zone）などだ。

アジアに目を向けると、台湾が一九六六年、組織条例および輸出加工区設置管理条例に基づいて「高雄輸出加工区」を設置。一九七〇年には韓国が「馬山《マサン》輸出加工区」を設置している。そして一九七九年には既述の通り、中国が沿岸部四カ所に経済特区を設け、大きな成功を収めたのである。

さらに中国は一九八四年、上海《シャンハイ》など沿海部の一四都市を「経済技術開発区」に指定している。従来の経済特区では一般の中国人の域内外の往来が国境並みに厳しく管理されているのに対し、これらの一四都市ではそういった制限がなく開放されているのが大きな違い

図1　SEZの類型

EPZ (Export Processing Zone)	外国籍を中心とした企業が、輸出向けのみの事業をおこなう区域。当局に認可された企業にのみ開かれ、国内経済とは明確に切り離された工業団地。 (例：フィリピンのバターン輸出加工区など)
複合型EPZ (Hybrid EPZ)	当局に認可された輸出企業のみが立地する区域(純粋 EPZ)のほかに、輸出いかんにかかわらずすべての産業に開かれた区域を合わせ持つ複合型の加工区。 (例：ベトナムのダナン工業団地など)
商業自由地区 (Commercial Free Zone : CFZ)	より小規模で、フェンスに囲まれた免税地区。貿易、再輸出積み替えのための倉庫機能などを持つ。国内市場への商品販売は関税さえ払えば自由。 (例：パナマのコロン自由貿易区など)
特別経済区 (Special Economic Zone : SEZ)	工業団地以外に、港湾・居住区・商業地区・観光レジャー施設などを包含する大規模特区。EPZよりも広範なインセンティブ・便益を提供する。国内市場への商品販売が自由な特区もあれば制限がある特区もある。 (例：中国の深圳経済特区、フィリピンのスービック経済特別区など)
単一工場型EPZ (Single Factory EPZ)	特定の企業に対して EPZ の優遇策が提供される特区。 (例：メキシコのマキラドーラなど)
特定産業地区 (Specialized Zone)	特定の産業に対して EPZ の優遇策が提供される特区。 (例：ロシアの技術導入特区のソフトウェア・インターネット産業団地、韓国の済州道の特別自治制度など)

だ。

これら東アジア諸国で設置されたＳＥＺの成功は世界の注目を集め、一九八〇年代以降、外資の誘致と輸出拡大を目的に多くの国でＳＥＺが設置されるようになる。「はじめに」で示したように、世界には一三〇カ国・三五〇〇区域を超えるＳＥＺが存在していて、二〇〇七年にＩＬＯが発表した統計によれば、二〇〇六年の時点で世界中のＳＥＺで働く労働者は六〇〇〇万人以上に上っている。

だが、これらのＳＥＺの大半が開発途上国に設置されたものであることを、ここで改めて確認しておきたい。

たしかに、米国にも二三〇カ所以上の外国貿易地域（Foreign Trade Zone）と約四〇〇カ所のサブゾーンが存在するが、そのほとんどは対外貿易をする上での税関手続きを簡素化するなど自由貿易港としての性格を有するにとどまるものだ。外資の誘致という目的、外国籍企業への優遇措置などの条件を充たしていない点でＳＥＺとは切り離して考えるべきだろう。

日本はＧＤＰベースで米国、中国に次ぐ経済大国であり、世界に三五〇〇区域以上存在するＳＥＺの多くに日本の企業が〝外資〟として参入している。その日本が国家戦略特区というＳＥＺを設ける必要をどこに見出《みいだ》せばいいのだろうか？

日本の特区に成功例はない

日本においても、今回の国家戦略特区以前にＳＥＺは存在した。まず、一九七二年に施行された沖縄振興開発特別措置法を根拠法として誕生した「自由貿易地域」、一九九八年の同法改正によって拡充された「特別自由貿易地域」が挙げられる（二〇一二年に廃止、「国際物流拠点地域」に変更）。また二〇〇二年には、やはり沖縄県に「金融業務特別地区」（二〇一四年より「経済金融活性化特別地区」）、「情報通信産業特別地区」が設置されている。

もっとも知られているのは、小泉純一郎首相の下で二〇〇二年末に法律が制定され、二〇〇三年より設置された「構造改革特区」だろう。認定第一号となった「外国語教育特区」（群馬県太田市）をはじめ、「どぶろく特区」「ワイン特区」など話題になった特区もある。実は、いまでも制度は続いており、全国約三八〇区域に設置されている。

その後、二〇一一年には菅直人政権の下で「総合特区」が設置された。日本の経済成長のエンジンとなる産業・機能の集積拠点の形成を謳《うた》う「国際戦略総合特区」と、地域資源を最大限活用した地域活性化の取り組みによる地域力の向上を謳う「地域活性化総合特区」の二種類の特区を設定したが、民主党政権が短命に終わったせいか、あまり知られていない。現在までに四八区域が認定されている。

前述の自由貿易地域は、沖縄が米国の統治下にあった一九五九年に指定されていた区域が一九七二年の本土復帰の際に日本の制度下へと切り替わったもので、米国から日本へと統治機構が刷新される特殊な状況下で、本土企業の沖縄進出を促進するという性格を色濃く帯びていた。

また、金融業務特別地区は「金融業務に関連した企業がある地区に集まることで、金融業務に必要とされる情報の交換や金融業務に通じた人材の確保がしやすいといった集積効果」を目的とし、情報通信産業特別地区は「情報通信関連産業の集積の牽引《けんいん》力となる特定情報通信産業の集積を促進するため、特別地区内において法人税の特例措置を行う」ことを目的としていた。先に「SEZの類型」として紹介した特定産業地区の条件・性格を備えていたといえるだろう。

これら沖縄に設置されたSEZに対して、小泉政権下の構造改革特区、菅政権下の総合特区は、特区を経済的な起爆剤として周辺の地域さらには日本経済全体を活性化しようという目的を有するものへと変質している。

つまり、沖縄県に設置された金融業務特別地区、情報通信産業特別地区が「特定の区域において特定の産業を優遇する」という限定的な性格を有していたのに対し、二〇〇三年以降に設置されたSEZでは、より広範に、日本の社会・経済の構造そのものを根本から変革しようという戦略的目的を持つようになったといえるだろう。そして、この点においては安倍政権が推し進める国家戦略特区も同様である。

ただし、小泉政権下の構造改革特区、菅政権下の総合特区と、安倍政権下の国家戦略特区を比較した場合、ある大きな違いが明白になる。私が国家戦略特区を「異形の特区」と呼ぶ所以《ゆえん》でもあるが、この点については後述する。その前に、本来は開発途上国が外資を誘致して工業化を図るための手段だったはずのSEZが、なぜ一国の社会・経済の構造を根本から切り崩そうという目的を持つものに変質したのか。その発想がどこから来ているのかについて、解説を加えておきたい。

また、一九七二年に設置された自由貿易地域以降、現在の国家戦略特区にいたるまで「日本に設置されたＳＥＺには成功例がない」という事実についても認識を共有しておきたい。一九七二年というのは沖縄が日本に返還された年であると同時に、第一次オイルショックが世界経済に衝撃をもたらす前年というタイミングでもある。これを機に日本の高度成長期が終わったと見るのが一般的だろう。そして、この年に日本で最初のＳＥＺが設置されたのが象徴的だ。いずれにせよ、日本において、少なくとも中国の経済特区のような成功例はひとつもないのである。

私は、二〇〇三年に小泉政権が構造改革特区を設置して以降、安倍政権が国家戦略特区を打ち出すにいたった背景には、経済学でいう「新自由主義」が深く影響していると考えている。二〇〇三年以降の日本におけるＳＥＺとは、要するに「規制緩和を国全域に先行しておこなう場」であり、規制緩和という方向性は一九八〇年前後から世界経済全体を覆うようになった経済思想・新自由主義に基づくものだからである。

少し遠回りになるが、世界で主要国の政策的トレンドが新自由主義へと向かった経緯から考察する。

新自由主義の台頭

一九七九年に英国の首相となったマーガレット・サッチャーは、「サッチャリズム」と呼ばれる経済政策を断行したことで知られている。その内容は「福祉・助成金の削減」「公共投資の削減」「国有企業の民営化」「行政機構の合理化」「労働組合の分断」といったものだった。

一九八一年には米国でロナルド・レーガンが大統領に就任し、「レーガノミクス」と呼ばれる経済政策を実施。これは「個人所得税、法人税を中心とする大幅減税」「福祉予算の削減」「政府による規制の緩和」などの内容を持つものだった。

そして日本でも一九八二年、中曽根康弘が首相に就任すると国鉄（現ＪＲグループ）、日本専売公社（現ＪＴ）、日本電信電話公社（現ＮＴＴグループ）などの民営化を実行した。

いずれも「国内において中央政府の及ぼす影響力が減少しようとも財政支出を抑えたい」という考え、つまり〝小さな政府〟を目指す政策だった。英国・米国・日本という世

図2　1980年代、各国の政権と新自由主義的経済政策

政権	名称	具体的政策
サッチャー政権（1979～1990年）	サッチャリズム	福祉・助成金の削減、公共投資の削減、国有企業の民営化、行政機構の合理化、労働組合の分断
レーガン政権（1981～1989年）	レーガノミクス	個人所得税、法人税を中心とする大減税、福祉予算の削減、政府規制の緩和
中曽根政権（1982～1987年）	行政改革	日本国有鉄道、日本専売公社、日本電信電話公社の三公社を民営化

界の各地域を代表するほどの大きな経済力を持つ国々が、一九八〇年を挟む数年の間に同じ方向へ舵《かじ》を切ったのは偶然ではない。

いまから約一三〇年前、一八八三年にドイツで世界初の社会保険制度が制定されて以降、国民生活の向上は国家の役割であるという認識が根づき、二〇世紀に入ってからも年金、失業手当、医療保険、最低賃金など社会保障・福祉制度の充実が図られていった。いっぽう、経済政策においては公共投資などを通じて国家が積極的に介入するというケインズ主義がスタンダードとなった。

しかし、一九七〇年代に入ると、こういった〝大きな政府〟を志向する路線は修正を余儀なくされる。一九七一年のニクソン・ショック（ドルと金との交換停止、ブレトン・ウッズ体制の崩壊）と、それに続く一九七二～一九

七三年の固定相場制から変動相場制への移行。一九七三年と一九七九年の二度にわたるオイルショックが引き金となったインフレと高い失業率。そして、これらの要因が相俟《あいま》って世界経済は、それまで経験したことのなかったスタグフレーション（インフレが進行していながら、モノが売れないという状況）に陥ったのである。

その結果、国家の財政は急激に悪化した。特に第二次世界大戦後の経済的復興が敗戦国であるドイツ・日本と比べても遅れ、かつての覇権国家から転落して衰退の一途にあった英国と、一九六四年のトンキン湾事件以降、本格的に介入したベトナム戦争で疲弊し、財政と貿易収支両面で〝双子の赤字〟を抱えていた米国にとっては、ケインズ主義に代わる新たな経済政策の指針を探すことは急務であった。

そこに登場したのが新自由主義である。これは、簡単にいってしまえば経済活動への政府の介入を縮小し（つまり〝小さな政府〟を目指して）、規制緩和などを通じて市場原理を最大限に活用しようという経済政策理念だ。

冷戦終結がもたらしたもの

英国・米国・日本とも、もともと資本主義国家であり、かつてのソ連など共産圏の国家がおこなっていた計画経済に対して自由主義経済で動いていたのだから、当然、市場原理は働いていた。しかし、日本では中曽根政権下で民営化された旧国鉄や二〇〇六年に日本郵政株式会社が設立され民営化された郵政事業など、公共性の高い事業を市場原理だけに任せることは「国民生活の向上」につながらないという考えが、かつては強く働いていたのだ。これに対し、経済活動のすべてを市場原理に委《ゆだ》ねようというのが新自由主義の考え方だ。

一九九一年にソ連が解体され冷戦構造が終結したことも、新自由主義路線を加速させた要因と見ることができる。冷戦時代、英国・米国・日本などの西側主要国は、国内で共産革命が起きる可能性を極力排除しようと努めていた。そのために、なにをおこなったか。社会保障の充実である。冷戦という時代背景が、西側主要国を〝大きな政府〟路線に踏みとどまらせる砦《とりで》となっていたのだ。しかし、ベルリンの壁の崩壊から東欧の民主化、ソ連の解体へと続いた国際情勢の変化によって、西側主要国は社会保障の充実を目指す〝大きな政府〟を維持する主要な理由を失ったのである。

一九世紀末から一九六〇年代ごろまでの先進諸国における経済政策の方向性については述べた通りだが、それ以前にも経済の動向に対し政府は不介入の姿勢を貫き、市場原理に任せる自由放任主義の時代があった。一八四〇年代、アイルランドが大飢饉《だいききん》に見舞われたときの英国政府の対応は、その顕著な例といえるだろう。

当時、アイルランドを植民地支配していた英国政府は海外から安価な穀物を輸入するなどの措置を講ずることもできたが、市場への介入を忌避し、その結果、約一〇〇万人が飢えや病気で死亡、約二〇〇万人が米国やカナダなどへの移住を余儀なくされるという事態が起きたのである（飢饉が起こる直前のアイルランド全人口は約八〇〇万人）。

こういったレッセフェール（laissez-faire、仏語で「なすに任せよ」の意。転じて「自由放任主義」のこと）に対し、『自由放任の終焉《しゅうえん》』（The End of Laissez-Faire）の著作もあるジョン・メイナード・ケインズ（一八八三〜一九四六年）らが唱えたのが、市場原理を尊重しつつも国家による規制・管理が必要であるとの考え方で、New Liberalism と呼ばれる。いっぽう、一九八〇年前後に英国・米国・日本などが採用した経済思想は Neo Liberalism と呼ばれるもので、どちらも日本語にすれば新自由主義となるが、本書では特に注釈のないかぎりNeo Liberalismを指すこととする。

新自由主義を唱えた代表的な経済学者としては、ミルトン・フリードマン（一九一二～二〇〇六年）が挙げられる。彼は一九六〇年代から「あらゆる市場への制度上の規制は排除されるべき」との主張を展開してきたが、当時はそれほど注目されることはなかった。一躍、脚光を浴びるのはニクソン・ショック、オイルショックを引き金に世界経済がスタグフレーションに見舞われた一九七〇年代以降のことである。

新自由主義の台頭は、New Liberalismが自由放任主義の修正案だったのに対し、先進諸国が財政の悪化に苦しみ、「市場経済に介入したくとも台所事情が苦しい」という状況で自由放任主義への回帰に向かったものだという見方もできるだろう。

ニクソン・ショックとグローバル経済の関係

一九七一年のニクソン・ショックについては、新自由主義の台頭と前後して声高にいわれるようになった「経済のグローバル化」との関係で、さらに踏み込んで言及しておきたい。

第一次世界大戦の開戦前まで、世界の主要国は金本位制を採用していたが、戦費の調達のために離脱が相次いだ。大戦の終結後、米国を皮切りに順次、金本位制に復帰するが、一九二九年からの世界恐慌を契機に再びすべての国が離脱。そして、第二次世界大戦の趨《すう》勢《せい》が見えた一九四四年、戦後の世界の通貨体制を決めるべく米国ニューハンプシャー州のブレトン・ウッズで四四カ国が参加する国際会議が開かれた。

そこで決められたのは、戦後は世界一の金保有量を持つ米国が金本位制を採用し、それ以外の国の通貨はドルとリンクすることによって価値を担保されるというものだった。これがブレトン・ウッズ体制である。これによってドルは「世界の基軸通貨」としての地位を揺るぎないものとし、米国は通貨を通じて世界経済の中心として君臨することとなったのだ。

しかし、ベトナム戦争による戦費の増大、貿易収支の悪化などから米国も金本位制を維持することが困難となり、一九七一年八月、ドルと金の交換が停止される。これがニクソン・ショックである。当然、基軸通貨としてのドルの地位は根本から揺らぎ、世界経済への米国の支配力も低下した。そこで考えられたのが、「通貨による支配」から「経済活動のルールを通じての支配」への移行である。

つまり、ドルが他国の通貨の価値を担保するという基軸通貨としての機能を失い、世界経済を通貨の面から支配し続けることができなくなった代わりに、「グローバル・スタンダード」という名で経済活動において自分たちのルールを世界に採用させることで、世界経済の中心であり続けようと考えたのだ。今日、日本でも多くの識者が指摘する通り、「グローバル・スタンダード」とは米国のスタンダードに過ぎない。

ヨーロッパ諸国は、この米国の思惑に敏感に反応した。大きな流れでいえば、一九九三年のEU（欧州連合）発足も「米国が押しつける〝スタンダード〟への対抗」という文脈の上に位置づけることができる。会計基準に関しても、米国のスタンダードであるGAAP（米国会計基準）に対抗して、EU域内ではヨーロッパ主導で策定したIFRS（国際会計基準）を用いることが二〇〇五年に決められている。

日本は、〝スタンダード〟を巡る問題に対してヨーロッパのように敏感ではなく、むしろ多くの分野で後れをとってきた。顕著な例を挙げるなら、ひとつはVTR規格におけるベータマックスの敗北だろう。ソニーが中心となって開発したベータマックス規格のVT

R機器は、競合していたVHS規格のものに比べてコンパクトで画質面でもすぐれているなどのアドバンテージがあったにもかかわらず、世界市場での〝スタンダード〟を巡る戦いに敗れて姿を消したのだ。

そもそも新自由主義は、経済活動への国家の介入を最小限にとどめ、市場原理という土俵の上で企業が利益の最大化を目指すことを是とするものだ。したがって国境は邪魔な存在でしかない。米国、さらにはブレトン・ウッズ体制の下でドルとリンクすることで通貨の価値が担保されてきた国々をも混乱に引き込んだニクソン・ショックは「グローバル・スタンダード」という新たな潮流と争点を生んだが、ニクソン・ショックを経て英国・米国・日本など先進諸国が経済政策の基盤として取り込んだ新自由主義もまた、それ自体が経済のグローバル化を必然的に招くものだったのだ。

つまり、新自由主義と経済のグローバル化は、表裏一体の動きといっていい。そして、その潮流に翻弄《ほんろう》されるようにして浮かび上がってきたのが、安倍政権の掲げる国家戦略特区構想のように思えてならない。

新自由主義が招いた現状

サッチャー、レーガン、中曽根が相次いで採用した新自由主義路線は、それぞれの国で多少の紆余《うよ》曲折は経ながらも、現在も踏襲され続けている。

政府による規制の多くが取り払われ、法人税の減税などが実施されてきた結果は、どのようなものか。例えば、米国アーカンソー州に本拠を置き、世界で一万店舗以上を展開するスーパーマーケット・チェーン「ウォルマート」は、二〇一四年の売り上げ高で約四八五六億五〇〇〇万ドル（約五八兆二七八〇億円）を計上している。同社の年間売り上げが五〇〇億ドルを超えたのが一九九三年だから、二〇年余りで一〇倍近い成長を遂げたことになるが、そのことが問題なのではない。

ウォルマートの年間売り上げを、同じ年の国家のGDPランキングと照らし合わせてみると、二七位のノルウェー（約五〇〇〇億ドル）よりも下、二八位のオーストリア（約四三七一億ドル）よりも上の位置にくる。一企業をEU圏内の中堅国に匹敵する経済規模を持つまでに巨大化させたこと、これが新自由主義路線のもたらした結果である。

また、同年に「フォーブス」誌が発表した「アメリカの富豪トップ25」で一位にランクされたのはマイクロソフト社の元会長ビル・ゲイツで、八一〇億ドル（約九兆七二〇〇億円）の個人資産を有している。これを同じようにGDPランキングと照らし合わせると、六四位のスロバキア（約一〇〇〇億ドル）よりも下、六五位のオマーン（約七七八億ドル）よりも上という位置づけだ。

一九七五年に死去したギリシャの海運王アリストテレス・ソクラテス・オナシスは、現在のビル・ゲイツに匹敵する世界的富豪だった。二〇世紀を代表するオペラ歌手マリア・カラスとの恋愛関係、暗殺された米国元大統領ジョン・F・ケネディの夫人だったジャクリーン・ケネディとの結婚でも世間の注目を集めたが、彼の遺《のこ》した資産は約一〇億ドルといわれている。一九八〇年ごろから各国政府の取った新自由主義路線は、世界的富豪の資産を約八〇倍に増やしたと見ることも可能だろう。ウォルマートやビル・ゲイツが持つ経済力はもはや国家レベルであり、彼らが持っていないのは軍事力だけといっても過言ではない。

「政治とはなにか?」という問いに対しては複数の答えが存在するが、そのひとつに「税制を通じた富の再分配」が挙げられるはずである。しかし、国境を越えた経済活動で巨大な利益を上げる企業や事業家たちに対して、国単位の税制・富の再分配のシステムはもはや十分には機能しない。また、第四章で詳述するが、そもそも巨大化した多国籍企業はタックス・ヘイヴンと呼ばれる租税回避地を経由して取り引きをおこなうことで、納めるべき法人税を巧みに極小化するようになっている。ＯＥＣＤ（経済協力開発機構）とＧ20参加国が中心となって対策が検討されているが、それも国単位の税制が機能しなくなっていることの表れだろう。

これが新自由主義路線の結果としての、世界の現状である。そして、安倍政権が掲げる国家戦略特区構想も、この延長線上にあるのだ。

国家戦略特区構想の現状

ここまで、ＳＥＺの定義、新自由主義と経済のグローバル化の関係などについて述べてきた。いずれも国家戦略特区構想の背景として重要であり、その特異性を理解する上で欠かせない情報だ。ここからは、具体的に国家戦略特区の実像に迫っていきたい。

二〇一四年五月に安倍政権は、東京圏、関西圏、新潟市、養父《やぶ》市（兵庫県）、福岡市、沖

縄県の六区域の国家戦略特区を認定した。東京圏に含まれるのは、東京都（当初の指定では千代田区、中央区、港区、新宿区、文京区、江東区、品川区、大田区、渋谷区の九区のみだったが、二〇一五年八月に東京都全域に拡大）と神奈川県および千葉県成田市である。関西圏には大阪府、兵庫県、京都府が含まれる。

また、二〇一五年八月には「地方創生特区」というサブタイトルの下で、第二次指定として仙北市（秋田県）、仙台市、愛知県の三区域を追加認定しており、一二月には第三次指定として広島県・愛媛県今治市の一区域を追加認定することを決定している。また、第三次指定の際、東京圏に千葉市を、福岡市のエリアに北九州市を追加することを決定している。

それぞれの区域で実施される規制緩和のメニューは、同一ではない。

【東京圏】 二〇二〇年の東京五輪開催を視野に「国際的ビジネス拠点」を形成するのが主たる目的とされている。世界から企業・人材・資金などを集め、創薬分野などにおける起業・イノベーションを通じて国際競争力のある新事業を創出しようというものだ。そして、そこに向けた政策課題として、①グローバルな企業・人材・資金などの受け入れ促進、②女性の活用促進も含めた多様な働き方確保、③起業などイノベーションの促進と創薬などハブの形成、④外国人居住者向けを含めビジネスを支える生活環境の整備、⑤五輪開催を視野に入れた国際都市にふさわしい都市・交通機能の強化を挙げている。

【関西圏】 主に健康・医療分野における「国際的イノベーション拠点」の形成が目的とされている。再生医療をはじめとする先端的な医薬品・医療機器などの研究開発・事業化を推進するとともにチャレンジングな人材の集まる国際都市としてビジネス環境を整えようというものである。特に医療・医薬品のビジネスに力点を置く背景としては、日本の大手製薬会社には武田薬品工業、田辺三菱製薬、大日本住友製薬、塩野義製薬など大阪に本社を置く企業が少なくない点が考えられる。そして政策課題としては、①高度医療の提供に資する医療機関・研究機関・メーカーなどの集積および連携強化、②先端的な医薬品・医療機器などの研究開発に関する阻害要因の撤廃、シーズ（ビジネスの「種」のことで、企業が持つ技術やノウハウのこと）の円滑な事業化・海外展開、③チャレンジングな人材が集まる都市環境・雇用環境などの整備を挙げている。

【新潟市】「農業の国際競争力強化のための拠点」を形成することを目的とし、①農地の集積・集約、企業参入の拡大などによる経営基盤の強化、②六次産業化および付加価値の高い食品開発、③新たな技術を活用した革新的農業の展開、④農産物および食品の輸出促進、⑤農業ベンチャーの創業支援が政策課題とされている。

【養父市】「新たな農業のモデル拠点」の形成を目的としている。背景には高齢化の進展・耕作放棄地の増大があり、高齢者の積極的活用・民間事業者との連携による「農業の構造改革」をおこなう狙《ねら》いがある。そのための政策課題は、①耕作放棄地などの生産農地への再生、②六次産業化による付加価値の高い新たな農産物・食品の開発、③農業と観光・歴史文化の一体的な展開による地域振興をおこなうことだ。

【福岡市・北九州市】「解雇規制緩和による起業促進の拠点」を形成することを目的とし

ている。社会経済情勢の変化に対応した産業の新陳代謝を促し、産業の国際競争力強化と雇用の拡大を図ろうというもので、政策課題としては、①起業などのスタートアップに対する支援による開業率の向上、②国際会議などのイベントの誘致を通じたイノベーションの推進および新たなビジネスなどの創出、③高年齢者の活躍や介護サービスの充実による人口減少・高齢化社会への対応を挙げている。

【沖縄県】「国際的観光拠点」の形成を目的とし、①外国人観光客などが旅行しやすい環境の整備、②地域の強みを活《い》かした観光ビジネスモデルの振興、③国際的環境の整ったイノベーション拠点の整備をおこなうことが政策課題とされている。

【仙北市】内外の林業者や放牧などの食関連事業者への民間貸付・使用の拡大を促進するとともに、無人自動飛行（ドローン）の実証などにより、最先端の地方創生のモデルケースとして発信するとともに、外国人医師の受入環境を整備し、農林・医療などの総合的な交流拠点の形成を目指す。そのための政策課題として、①国有林野の民間開放による有効活用、②臨床修練制度を活用した国際交流の促進、③耕作放棄地などの生産農地への再生、④国内外観光客の誘客と観光拠点の開発、⑤地域の安全対策および第一次産業への無人自動飛行の活用を挙げている。

【仙台市】 ソーシャル・イノベーション（社会起業）を推進するため、開業手続きの迅速化や保育士不足の解消を図るとともに、産学連携の下、自動走行などの技術実証などの新たなイノベーションを通じ、被災地からの新しい経済成長のモデルを構築する。政策課題としては、①女性、若者、シニアなどを重視した意欲ある起業家の輩出、②株式会社やNPO法人などの起業手続きの迅速化、③起業家・ベンチャー企業の経営の安定化・雇用の拡大、④保育士確保、待機児童解消などによる女性の社会参加の拡大、⑤被災対応・産業復興のための次世代移動体システムの実証促進を挙げている。

【愛知県】 自動車・航空宇宙などの国内最大のモノづくりの集積地として、教育・雇用分野における規制改革を通じた産業人材の育成や次世代技術の実証を通じ、成長産業・先端技術の中枢拠点を形成する。併せて、農業分野においても農地の流動化、耕作放棄地の解消などを図ることにより、第一次産業も含めた総合的な規制・制度改革を実現する。政策課題としては、①公立学校における多様な教育の提供による産業人材の育成、②農業の所得向上と成長分野への転換、③先進医療の拡大、④外国人も含めた最適な雇用環境を整備、⑤成長産業・先端技術の中枢拠点の形成を挙げている。

【広島県・愛媛県今治市】「しまなみ海道（西瀬戸自動車道）」でつながる広島県と今治市において、多様な外国人材を積極的に受け入れるとともに、産・学・官の保有するビッグデータを最大限に活用し、観光・教育・創業などの多くの分野におけるイノベーションを創出する。政策課題としては、①創業人材を含めた高度外国人材の集積の推進、②雇用ルールの明確化によるグローバル企業・新規企業への支援、③地場製造業や新たなホスピタリティ・サービス産業の活性化、④スポーツ・教育面における国際交流拠点の整備、⑤観光分野における先進的な「自治体間連携モデル」の推進を挙げている。

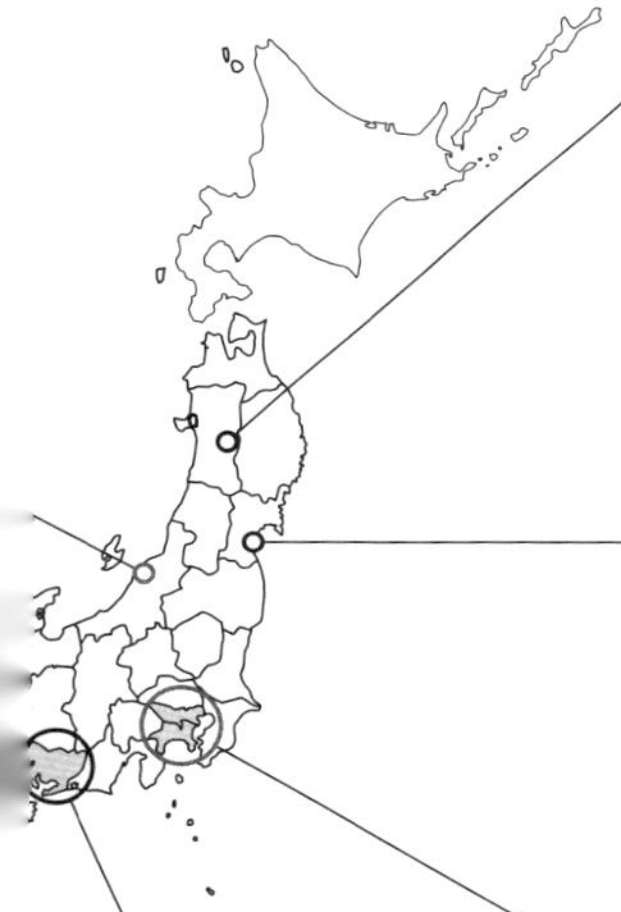

○ 一次指定
○ 二次指定
◌ 三次指定

仙北市［二次指定］

「農林・医療の交流」のための改革拠点

区域計画認定

- 国有林野の管理経営に関する法律の特例
- 農業生産法人に係る農地法等の特例
- 高年齢者等の雇用の安定等に関する法律の特例

仙台市［二次指定］

「女性活躍・社会起業」のための改革拠点

区域計画認定

- NPO法人の設立手続の迅速化に係る特定非営利活動促進法の特例
- 保育士資格に係る児童福祉法等の特例

東京圏
（東京都、神奈川県、千葉県成田市、千葉市［三次指定］）

国際ビジネス、イノベーションの拠点

区域計画認定

- 都市再生特別措置法の特例
- 都市計画決定等に係る都市計画法の特例
- エリアマネジメントに係る道路法の特例
- 保険外併用療養に関する特例
- 病床規制に係る医療法の特例
- 二国間協定に基づく外国医師の業務解禁
- 雇用労働相談センターの設置
- 東京開業ワンストップセンターの設置

など

愛知県［二次指定］

「産業の担い手育成」のための教育・雇用・農業等の総合改革拠点

区域計画認定

- 公立学校運営の民間開放に係る学校教育法等の特例
- NPO法人の設立手続の迅速化に係る特定非営利活動促進法の特例
- 雇用労働相談センターの設置　　など

図３　国家戦略特区　指定区域

関西圏
（大阪府、兵庫県、京都府）

医療等イノベーション拠点、
チャレンジ人材支援

区域計画認定

・保険外併用療養に関する特例
・病床規制に係る医療法の特例
・エリアマネジメントに係る道路法の特例
・歴史的建築物等に係る旅館業法施行規則の特例
・設備投資に係る課税の特例
・雇用労働相談センターの設置　など

新潟市

大規模農業の改革拠点

区域計画認定

・農業生産法人に係る農地法等の特例
・農業委員会と市町村の事務分担に係る特例
・農家レストラン設置に係る特例
・農業への信用保証制度の適用
・雇用労働相談センターの設置　など

養父市

中山間地農業の改革拠点

区域計画認定

・農業委員会と市町村の事務分担に係る特例
・農業生産法人に係る農地法等の特例
・農業への信用保証制度の適用
・歴史的建築物等に係る旅館業法施行規則の特例　など

福岡市・北九州市［三次指定］

創業のための雇用改革拠点

区域計画認定

・エリアマネジメントに係る道路法の特例
・病床規制に係る医療法の特例
・雇用労働相談センターの設置　など

沖縄県

国際観光拠点

区域計画認定

・エリアマネジメントに係る道路法の特例
・保育士資格に係る児童福祉法等の特例

※2015年12月現在。
第三次指定については今後正式に認定される予定。
※首相官邸ホームページの資料より作成。

これら、すべての区域に共通したベクトルは、繰り返し登場する「国際競争力の向上」や「起業の促進」といった言葉から読み取ることができる。そして、そこに向けて求められているのは、大手企業や国家戦略特区への参入が期待される「外資系企業」の活動によって市場原理を最大限に活用することだ。

構造改革特区、総合特区との最大の違い

一九八〇年を前後して英国・米国・日本が新自由主義路線に舵を切ったとき、英国には第二次世界大戦後続いていた「英国病」といわれる経済の停滞、米国にはベトナム戦争や双子の赤字などの事情があったと述べたが、日本は当時、財政面で英米ほどには逼迫《ひっぱく》していなかった。

一九八〇年前後といえば、日本はオイルショックの影響で一時期貿易収支で赤字が出た年があったものの、一九八一年以降は大幅な黒字を記録し、バブル景気に突入しようとしていた時代だ。それでも当時、例えば旧国鉄は一九六四年以来赤字に転落した状況で、一九七九年以降は毎年六〇〇〇億円以上の国費（補助金）が投入されるほど採算が悪化して

いた。その状況で当時の中曽根政権は新自由主義路線を採用し、国有企業・国家事業の民営化をおこなったわけだが、英米に比べて財政面で余裕があった分、新自由主義的な規制緩和は英米よりも限定的なものにとどまった。

その後、バブル経済の崩壊があり、日本経済が「失われた二〇年」と呼ばれる停滞状況に入り、中曽根行革のある種の積み残し（残務）を補う形で登場したのが小泉政権下での構造改革特区、菅政権下での総合特区だった。しかし前述したが、このふたつのSEZと安倍政権の国家戦略特区の間には、見過ごすことのできない大きな違いがある。

最大の違いは、構造改革特区と総合特区がボトムアップ型で実現していったのに対し、国家戦略特区はトップダウン型で推し進められている点にある。前者は、地方自治体の側から「こういった規制緩和をおこないたい」という立候補・提案があれば、それを吟味して政府が区域に認定していた。後者の国家戦略特区は、まず政府が規制緩和のメニューを策定するところから始まっている。それは例えば以下のようなメニューである（国家戦略特区ワーキンググループで検討された規制改革事項案より）。

▼外国人への医療サービス提供の充実（外国人医師の国内医療解禁、病床規制の見直し等）
▼有期労働契約期間（五年）の延長（契約型正規雇用制度の創設等）
▼都心居住促進のための容積率・用途等集団規制の見直し
▼羽田空港国際化のための羽田・成田離着陸割り当ての柔軟化（羽田への国際線割り当てと成田への国内線割り当ての交換促進）
▼有料道路運営の民間への開放（コンセッション方式の導入）
▼公立学校運営の民間への開放（公設民営学校の解禁）
▼海外トップスクール誘致のためのインターナショナルスクールの設置認可要件等の見直し（国内校との競争条件の同一化）
▼農地流動化のための農業委員会の関与廃止等
▼先進医療等の保険外併用療養の範囲拡大（評価実施体制の柔軟化等）

「契約型正規雇用制度」「公設民営学校」など耳慣れない言葉が並ぶが、これらについては第二章以下で解説する。

また、国家戦略特区は以下の指定基準（「国家戦略特別区域基本方針」二〇一四年二月二五日閣議決定）によって選ばれる。

ア）区域内における経済的社会的効果
イ）国家戦略特区を超えた波及効果
ウ）プロジェクトの先進性・革新性等
エ）地方公共団体の意欲・実行力
オ）プロジェクトの実現可能性
カ）インフラや環境の整備状況

第二次指定にあたって、このうちの「エ」については、「地方創生特区の指定に当たっての基本的考え方」（二〇一五年一月発表）を適用することにした。その「考え方」は以下のようなものである。

①現行法上の規制改革事項等すなわち「初期メニュー」のうち、現在の特区でも困難なものを確実に活用

②廃案となった法案の「追加メニュー」など、思い切った改革事項を提案

③「近未来技術実証」を行うことを積極的に受け入れ

地域の側から手を挙げ、「こういった規制緩和をしてくれれば、これだけの経済的効果を上げられる」とPRし、それを行政の側が認めるというのであれば、規制緩和という言葉の定義も充たされるだろう。しかし国家戦略特区は、政府がまず前記のような規制緩和のメニューを用意し、それに見合った事業提案をした区域を指定する政府主導のトップダウン型で推し進められているのだ。国家が自らが経済活動への関与から後退し、しかも、その運用は区域・自治体に委ねるというのである。これは規制緩和という名の、国家の責任放棄といってもいいだろう。この点が、私が国家戦略特区を「異形の特区」と呼ぶ大きな理由のひとつである。

さらに、この点に関しては「一の地方公共団体のみに適用される特別法は、法律の定め

図４　構造改革特区、総合特区、国家戦略特区の違い

	政権	制定年月	指定区域数	提案主体	提案内容	手段
構造改革特区	自民党 小泉政権	2002年12月	377	地方公共団体からの申請に基づき、国が計画を認定。 →ボトムアップ、国による区域指定なし。	地域活性化	規制緩和（構造改革）
総合特区	民主党 菅政権	2011年6月	48 （国際7、地域41）	地方公共団体からの申請に基づき、国が特区を指定、計画を認定。 →基本的にボトムアップだが、区域指定は国。	国際競争力の強化、地域の活性化	規制緩和（構造改革）税制優遇 利子補給
国家戦略特区	自民党 安倍政権（第二次）	2013年12月	10 （第一次6、第二次3、第三次1）	国が区域や区域方針を決定。計画は国家戦略特別区域会議で作成、国が認定。 →基本的にトップダウン。計画は国・地方・民間の三者で決定。	日本経済の再生、岩盤規制の撤廃	規制緩和（構造改革）税制優遇 利子補給

（指定区域数は2015年12月時点のもの）

るところにより、その地方公共団体の住民の投票においてその過半数の同意を得なければ、国会は、これを制定することができない」と定めた憲法第九五条に抵触する可能性も否定できない。規制緩和によってもたらされる新たな区域のルールは、区域の住民投票を経ずに国家が勝手に決めることはできないと憲法は規定しているからだ（国家戦略特区の違憲性については第二章で詳述する）。

歴史的建築物の活用	歴史的建築物に関する旅館業法の特例
	古民家等の活用のための建築基準法の適用除外等（★）
外国人材の活用	外国人家事支援人材の活用
	外国人創業人材の在留資格の基準緩和
農林水産業	農業委員会と市町村の事務分担
	農業生産法人の要件緩和
	国有林野の民間貸付・使用の拡大
	国有林野の活用促進
	漁業生産組合の設立要件の緩和
	農業への信用保証制度の適用
	農家レストランの農用地区域内設置の容認
	酒類のインターネット販売の緩和（★）
	中山間地域等直接支払の補助金返還免除（★）
教育	公立学校運営の民間への開放（公設民営学校の設置）
保育	地域限定保育士の創設
	都市公園内における保育所等設置の解禁

★…全国措置されたもの
（内閣府地方創生推進室の公開資料より著者作成）

図5　国家戦略特区において活用できる規制改革メニュー

都市再生・まちづくり	容積率・用途等土地利用規制の見直し
	エリアマネジメントの民間開放（道路の占用基準の緩和）
	航空法高さ制限のエリア単位での承認
	滞在施設の旅館業法の適用除外
	旅館業法の特例対象施設における重要事項説明義務がないことの明確化
	自然由来特例区域における特定有害物質の特例
ビジネス環境の改善、起業・開業促進	開業ワンストップセンターの設置
	公証人の公証役場外における定款認証
	NPO法人の設立手続きの迅速化
	官民の垣根を越えた人材移動の柔軟化
	人材流動化センターの設置
	空港アクセスバスの手続き緩和
雇用	農業等に従事する高齢者の就業時間の柔軟化
	雇用労働相談センターの設置
	雇用条件の明確化（★）
	有期雇用の特例（★）
医療	病床規制の特例による病床の新設・増床の容認
	医療法人の理事長要件の見直し
	iPS細胞から製造する試験用細胞等への血液使用の解禁
	臨床修練制度を活用した国際交流の推進
	保険外併用療養の拡充
	医学部の新設に関する検討
	診療用粒子線照射装置の海外輸出促進
	特区医療機器薬事戦略相談

「岩盤規制」への攻撃

国家戦略特区の実像はどうあれ、規制緩和を大義名分とするために、安倍政権は該当する分野の現行のシステムを「岩盤規制」と名づけ、社会にとって攻撃すべきターゲットという意識を植えつけようとしている。

二〇一四年、六区域が国家戦略特区として認定されるのに先だって内閣府に設置された国家戦略特別区域諮問会議では、特区の目的を「『岩盤規制』の改革及びそれに相当する抜本的な税制改革に総理主導で突破口を開き、経済成長を実現することである」としている。

「岩盤規制」とは、医療・農業・教育・雇用など、一九八〇年代の中曽根政権から始まった日本の新自由主義路線にあっても緩和が先送りにされてきた分野の規制を指す言葉だ。これらの分野で既得権益を持つ者たちの抵抗力の強さが、規制緩和の波を退けてきた大きな要因であったことは否定しない。しかし医療・農業・教育・雇用という分野は、これまで民営化されてきた国有鉄道事業、塩・たばこの専売事業、電信電話事業、あるいは郵政事業以上に公共性が高く、「国民生活の向上」を国家の目的と考えれば、その行方を市場原理だけに委ねることは許されないと考えられていたことも忘れてはならない。

これらの分野・産業の現行システムを「岩盤規制」と呼び、成長戦略（＝規制緩和）に対する抵抗勢力と位置づける感覚は、私には理解できない。

医療（健康）・農業（食糧）・教育・雇用という分野は、まさに国民の生活、いや、生命そのものに直接関《かか》わる領域なのだ。例えば国会で法律を作り、ある区域で賭博《とばく》に関する規制を緩和してカジノの営業が可能になったとしても、すべての人がカジノに通うわけではない。それに対し医療・農業・教育・雇用は、誰《だれ》もそれを避けて生きることはできない分野なのだ。

このような「岩盤規制」に対する攻撃が国家戦略特別区域諮問会議でおこなわれたのが二〇一四年一月、その四カ月後の五月に安倍政権は六区域の国家戦略特区を認定したのである。そして先に挙げた医療・農業・教育・雇用という分野が、規制緩和のメニューのなかでも大きなウェートを占めている。

国家が向かう先

「国民生活の向上」という目的を捨てて、国家はどこへ向かうのか。中国の開放政策を推し進め、一九七九年に設置した沿岸四カ所の経済特区を成功させた当時の最高指導者鄧小平は「先富論」と呼ばれる見解を示している。

「可能な者から先に豊かになれ、そして落伍《らくご》した者を助けよ」（我們的政策是讓一部分人、一部分地区先富起来、以帯動和幇助落伍的地区、先進地区幇助落伍地区是一個義務）

大躍進政策（一九五八〜一九六一年）、文化大革命（一九六六〜一九七六年）で数千万人に及ぶ死者を出すなど失政を重ね、工業化を目指しながらも挫折《ざせつ》を続けていた当時の中国の状況を考えれば、SEZの意義を考える上で多方面にわたる示唆を含んだ言葉だ。ここまで述べてきたように、一九世紀末以降のヨーロッパ先進国において「社会的弱者」を救うのは国家の責務とされてきたが、当時の中国政府にその体力はなかった。まず「可能な者から先に豊かになれ」という考えは現実的であったといえる。

しかし、先に豊かになった者たちが社会的弱者を救う状況が実現できたとして、国家が税制を通じて富の再分配をおこなうシステムと比べて貧富の格差是正に対する効果はどうだろうか。強制力の有無という点で、貧富の格差是正に対する効果は、より小さなものとなることは間違いない。

安倍政権も、鄧小平の先富論に似た「トリクル・ダウン理論」(trickle-down effect)を掲げている。これは「供給力を強化すれば経済成長が可能となる」とするサプライサイド経済学に基づく考え方で、「富める者がさらに富めば、貧しい者にも自然に富が滴り落ちる」という理論だ。これも理論的には間違いではない。しかし、見落とされているのは「富める者から貧しい者へ自然に滴り落ちる富は、両者の間に存在する経済的格差を縮小するほどではない」という点だ。

ひとつ、実例を挙げよう。政府は、子どもの貧困対策を目的として二〇一六年度から「学習支援などに取り組む団体への支援」「子どもの居場所の整備」を柱とする事業をおこなうために、民間から「子供の未来応援基金」への寄付を募ってきた。政府がおこなう社会事業の原資を民間からの寄付に頼るという発想自体、新自由主義的というよりも明らかな責任放棄だが、二〇一五年一〇月一日から募った寄付は二カ月以上を経た一二月六日の時点で三一五万円にしかなっていない。政府が二〇一六年度からおこなおうとしている事業には、少なくとも数億円単位の予算が必要だ。

つまり、トリクル・ダウン理論が現実的に機能したとしても、貧富の格差は拡大し続けるということになる。前述の経済特区をはじめとした改革開放路線によって飛躍的な経済成長を遂げた中国において、現在、未曾有《みぞう》の貧富の格差が存在することがその証拠である。

そもそも、安倍政権において国家戦略特別区域諮問会議議員や産業競争力会議議員を務めるなど、政権の経済政策に影響力があるであろう竹中平蔵慶應義塾大学教授が、テレビの討論番組において、自らはトリクル・ダウンという言葉を使ったことがない、とした上で、「滴り落ちてくるなんてないですよ」「あり得ないですよ」と発言、トリクル・ダウン理論を否定してしまったのである（テレビ朝日系『朝まで生テレビ！』「元旦SP　激論！　安倍政治～国民の選択と覚悟～」二〇一六年一月一日放送より）。こうした発言のなかに、格差是正に本気で取り組む気のない安倍政権の本音が透けて見えないだろうか。

日本のGDPの五割以上を占める国家戦略特区

歴史的に見て「SEZは途上国に設置されてこそ効果を発揮する」、そして「国家戦略特区構想の背景にある新自由主義は格差を拡大する」ということを述べてきたが、ここで改めて安倍政権が認定した各区域を見てみたい。

前述のように新潟市、養父市は農業特区としての性格が強く、沖縄県も観光産業に特化した内容で、いずれもSEZの類型でいえば「特定産業地区」の条件・性格を備えている。これらに対し、医療・農業・教育・雇用という、安倍政権が「岩盤規制」という言葉で攻撃対象とする分野での規制緩和がおこなわれるのが、東京圏、関西圏、福岡市・北九州市である。この三つの区域の生産が、日本全体のGDPの約四割を占めているという現実は注目に値する。

二〇一二年の日本のGDPは約四七四・五兆円。これに対し、千葉県成田市を除いた東京圏の域内総生産は約一二五兆円、関西圏は約六五兆円、福岡市・北九州市は約一〇兆円。三区域を合計すれば約二〇〇兆円となり、日本のGDPの四割を超えるのである。これに加えて新潟市にも約三兆円、沖縄県にも約三・八兆円の域内総生産がある。

さらに、国家戦略特区の第二弾「地方創生特区」に指定された愛知県には世界的企業であるトヨタ自動車の本社が置かれていることもあり、二〇一三年の域内総生産は約三五兆円である。仙台市も二〇一二年のデータでは四・八兆円の域内総生産がある。また、第三次指定で追加認定が決定した広島県・愛媛県今治市の二〇一二年の域内総生産は約一一・五兆円だ。第三次指定までの各区域の域内総生産を合計すれば、日本のGDPの五割を超える数字となる。

先に述べた通り、鄧小平は改革開放路線を推し進めるなかで「可能な者から先に豊かになれ」といったが、東京圏、関西圏、愛知県は、すでに日本のほかの地域よりも豊かなのである。さらにいえば、東京圏では当初、神奈川県、千葉県成田市に加えて東京二三区のうち千代田、中央、港、新宿、文京、江東、品川、大田、渋谷の九区のみが指定されていたが、ほとんどが「納税義務者ひとりあたりの課税対象所得」で上位にランクされている区なのである。

二〇一三年度のランキング（二三区にかぎる）を見ると、一位が港区、二位が千代田区、三位が渋谷区、四位が中央区となっている。さらに五位が文京区、八位が新宿区、一〇位が品川区。「納税義務者ひとりあたりの課税対象所得」で一〇位以内に入っている区のうち、国家戦略特区・東京圏に当初指定されていなかったのは、六位の目黒区と七位の世田谷区と九位の杉並区だけである。

大田区は一二位だが、これは同区内に羽田空港があり、入国審査や在留資格要件の規制緩和が必要との観点で指定されたと考えられる。成田空港を抱える千葉県成田市が東京圏として指定されたのと同じ理由からだろう。

また、江東区は一四位だが、ここには二〇一六年一一月に中央区・築地から東京都中央卸売市場が移転してくる。同市場に国内外から集積する水産物の扱い高は、二〇一三年のデータで一日あたり一五億五〇〇〇万円にも上る。また、二〇一一年に東京都が政府に対して申請をおこない、指定を受けた「アジアヘッドクォーター特区」に含まれているため外せなかったのだろう。当初東京圏に指定された九区のうち、このアジアヘッドクォーター特区に含まれないのは文京区だけだ。文京区は東京大学など医学部を持つ大学が多く、医療関係の企業も多いために最初の段階で東京圏に指定されたと考えられる。

では、なぜすでに富裕な東京圏、関西圏、愛知県に国家戦略特区を設置するのか。二〇一三年六月一四日に閣議決定された「日本再興戦略 －JAPAN is BACK－」は、国家戦略特区の設置を謳い、その取り組むべき課題を次のように示している。

「例えば、『居住環境を含め、世界と戦える国際都市の形成』、『医療等の国際的イノベーション拠点整備』といった観点から、特区内における特例措置はもとより、全国で適用される規制・制度改革項目の積極的な活用や重要インフラの整備なども組み合わせ、成長の起爆剤となる世界で一番ビジネスがしやすい環境を作り上げる」

「世界で一番ビジネスがしやすい環境」を創出した先には、いうまでもなく「外資の誘致」という狙いがある。つまり、外資にとって東京圏、関西圏、愛知県がほかの地方よりも〝便利〟だから、国家戦略特区を設置したのである。しかし、これらの地域を国家戦略特区に認定し、規制緩和をおこない外資を誘致することでなにが起こるか？　他地域との「格差の拡大」以外のなにものでもない。

ＳＥＺの成功例・中国の経済特区は、深圳《しんせん》に代表されるように、それ以前には目立つ産業などなにもないような区域に設置されたものだ。だからこそ成功したともいえる。安倍政権が国家戦略特区でなにをおこなおうとしているのか、あるいは国家戦略特区での経済活動を通じて日本になにをもたらそうとしているのか。それを考えて見えてくるのは「国民生活の向上をもたらす経済成長」とは明らかに異なるものだ。

第二章　「国家戦略特区」が生む理不尽

日本に外資は必要か？

第一章で述べてきたように、ＳＥＺ（特別経済区）とは本来、主に途上国が工業化への起爆剤として用いる手段である。そして区域内のビジネス・インフラを整備し、関税や法人税の減免といった優遇措置をおこなうのは、そこに外国からの投資を呼び込むという目的があるからだ。

安倍政権が進めている国家戦略特区も、外資の誘致を目的としている。ここで考えたいのは、日本のような経済の規模・成熟度を持つ国に「はたして外資の誘致が必要なのか？」ということだ。

既述のように、米国には二三〇カ所以上の外国貿易地域（Foreign Trade Zone）が存在するが、そのほとんどは対外貿易をする上での税関手続きを簡素化するなど自由貿易港としての性格を有するにとどまるものであり、外資の誘致を目的としていない。そのほか、例えば現在のサミット（主要国首脳会談）の参加国、いわゆるＧ８（米国、英国、フランス、ドイツ、イタリア、日本、カナダ、ロシア。ただし、二〇一四年のウクライナ問題以降、二〇一五年一二月現在でロシアの参加資格は停止中）を見ても、国家戦略特区のように積極的に外資を誘致する経済政策を実施している国は日本以外にはない。

また、これも既述の通り、多くの日本企業が途上国に設置されたSEZに〝外資〟として参入しているのである。日本の現在の経済的成熟度が、外資の誘致を必要とするレベルだとは考えられない。では、なぜ……？　いくつかの理由が考えられるが、そのひとつが二〇一五年九月二四日の記者会見で安倍首相が宣言した「アベノミクス・第二ステージ突入」から読み取れるのではないだろうか。

ここで安倍首相は「新たな三本の矢」を発表し、それは第一の矢が「希望を生み出す強い経済」、第二の矢が「夢をつむぐ子育て支援」、そして第三の矢は「安心につながる社会保障」というものだった。第一ステージの第一の矢「大胆な金融政策」、第二の矢「機動的な財政政策」、第三の矢「民間投資を喚起する成長戦略」と比べて具体性の面で大きく後退した印象だが、問題は第二ステージの政策の前提・全体のテーマとして述べた部分にある。

「五〇年後も人口一億人を維持する」
「『ニッポン〝一億総活躍〟プラン』を作る」

日本の人口減少について言及するのは本書の主旨ではないが、マクロ経済学の視点で国家戦略特区の問題点を指摘していく以上、人口問題も避けることの許されない要素といえるだろう。安倍首相は「五〇年後も人口一億人を維持する」といったが、国立社会保障・人口問題研究所という国の機関が二〇一二年に発表した数字では、五〇年後どころか四〇年後の二〇五五年に日本の人口は九一九三万人まで減少することが示されている。

新たな三本の矢のうちの二つとして「夢をつむぐ子育て支援」「安心につながる社会保障」を掲げているのは、出生率を上昇させる狙《ねら》いがあるからだろう。日本が直面している人口減少問題に対する危機感の裏返しとも読み取れる。

誰《だれ》が「縮小する市場」に投資するのか

安倍首相は、二〇一四年の時点で一・四二となっている合計特殊出生率を一・八に引き上げるという具体的な数値目標も掲げたが、仮にこの目標が達成できたとしても人口減少にすぐに歯止めがかかるわけではない。先進国における人口増と人口減の境界は合計特殊出生率二・〇七といわれている。また、女子が生まれても、出産年齢に達するまでには十数年以上という時間がかかる。その間に、二〇〇五年には一三二四万人いた主たる出産年齢階層（二五〜三九歳）の女性が、二〇五五年には半分以下の六〇六万人まで減ってしまうのである（二〇一二年、国立社会保障・人口問題研究所）。

人口が減少するということは、普通に考えれば、画期的な技術革新によって労働生産性が飛躍的に上昇しないかぎり、国の経済規模・市場が縮小していくことを意味する。そのような状況では、国内で新たな投資を喚起することは難しい。「だから外資を誘致する」という発想につながることは容易に想像できる。

しかし、その視点から国家戦略特区を考えたとき、国内の資本ですら新たな投資に向かおうとしない状況で、外資を誘致することが可能だろうか。特区内に参入した企業には関税や法人税の減免といった優遇措置が取られるが、それは企業にとってどれだけ魅力的なものだろうか。

具体的には、国家戦略特区内で計画に定められた特定事業の実施主体となる企業に対し、機械などを購入した際には特別償却または税額控除の措置が取られることなどが決まっているが、法人税の基本税率（二三・九パーセント）は区域外と同じである。ミャンマーでは、SEZ区域外での法人税免税は事業開始から五年間のみとなっているが、区域内では業態に応じて事業開始から五〜八年間免税されたのち、さらにその後五年間五〇パーセントの免税が認められている。途上国に目を向ければ、このようにSEZの内と外で法人税率に差をつけている例は少なくないのだ。

もうひとつ、現在の日本が外資の誘致を進める理由としては、TPP（環太平洋戦略的経済連携協定）との関連が考えられる。二〇〇六年にシンガポール、ブルネイ、チリ、ニュージーランドの四カ国間で発効した同協定に、新たに米国、日本、オーストラリア、マレーシア、ベトナム、ペルー、カナダ、メキシコが参加するべく協議が続けられてきた。そして二〇一五年一〇月、「大筋で合意」に達したことが伝えられた。日本が正式にTPP加盟国になるのは時間の問題という状況だ。

日本でも多くの識者が指摘する通り、日本のTPP参加は経済政策というよりも安全保障政策としての性格を強く帯びている。増大する中国の軍事的脅威に対して、米国を中心とした新たなネットワークを構築することで対抗しようという狙いだ。ベトナムがＴＰＰに参加する大きな理由も、そこにあるはずだ。

つまりＴＰＰ参加の目的は、経済効果とはべつのところにある。むしろ、経済面ではマイナスの効果が大きいと見たほうがいいだろう。韓国は、米国との二国間でＴＰＰ同様に関税などを撤廃するＦＴＡ（Free Trade Agreement＝自由貿易協定）を二〇〇七年に締結している。その後韓国でどのようなことが起きているかは第三章で詳述するが、ひとことでいえば企業の利益が国の法律さらには憲法よりも優先される状況が生じている。米韓ＦＴＡに関しては「経済活動に名を借りた、米国による韓国の植民地化」という厳しい意見もある。日本がＴＰＰに組み込まれれば当然、同様のことが起きると考えるべきだ。

次項で解説するが、国家戦略特区はＴＰＰと極めて密接な関係を持つ。国家戦略特区とは、かつてアヘン戦争敗北後の中国に存在した「租界」や、日本でも幕末から明治にかけて欧米列強と不平等条約を結んでいた時代に存在していた「居留地」のような〝治外法権区域〟にほかならない。

国家戦略特区の内容を精査し、考察を進めれば進めるほど、この印象は強くなってくる。いずれにしても、この「異形の特区」には、表面上の目的とはべつの真意が隠されていると考えるべきだろう。以降では、この「隠された真意」に迫っていきたい。

TPPと国家戦略特区

国家戦略特区が外資の誘致を目的とする以上、単に国内の経済政策として捉《とら》えていたのでは大きな問題点を見落とすことになる。視野を拡《ひろ》げ、国際関係・グローバル経済の動向と照らし合わせて問題点を探っていくことが必要となる。

国家戦略特区とTPPとの関連も、そうすることで見えてくる問題点のひとつである。二〇一三年一一月、USTR（米国通商代表部）のウェンディ・カトラー次席代表代行（当時）は、日本で記者会見を開き、次のように発言している。

「TPP交渉の非関税分野の議論は、ほとんど安倍首相の三本目の矢である構造改革プログラムに入っている。TPP交渉のうち、ひとつの焦点となっている非関税分野で米国が目指すゴールと方向性が完全に一致している」

ここでいう「安倍首相の三本目の矢である構造改革プログラム」が国家戦略特区を指すことは、第一章冒頭で述べた通りだ。事実、国家戦略特区内で実施される規制緩和は、TPP交渉でも議論されていた内容である。

二〇一五年一〇月、交渉が大筋で合意に達すると、メディアは日本側が保護の必要性を訴えていた農林水産物のうち約三割について関税が撤廃されるという内容を中心に伝えた。日本がこれまで関税撤廃をしたことのない農林水産物八三四品目のうち約半分に相当する三九五品目の関税が撤廃され、日本側が「重要五項目」として特にこだわっていたコメ、牛・豚肉、乳製品、麦、甘味資源作物（砂糖）でも五八六品目のうち一七四品目の関税が撤廃されるというものだ。しかし、TPPの対象は農業分野にとどまるものではない。

日本のTPP参加による影響は、医療や教育などの分野にも及ぶ。日本には「国民皆保険制度」があり、これは世界に誇るべき制度だが、米国にはそういった制度は存在しない。医療制度に関して、日本と米国に大きな違いがあるのは一目瞭然《りょうぜん》だが、ここにグローバル・スタンダード（＝アメリカン・スタンダード）が導入されることになるのだ。高度な医療を受けたい人は、高額な医療費を支払う。それが米国の医療制度である。

教育制度についても、日本国憲法は「すべて国民は、法律の定めるところにより、その保護する子女に普通教育を受けさせる義務を負ふ。義務教育は、これを無償とする」（第二六条・二項）と定めているが、ここにもTPP参加後は〝アメリカン・スタンダード〟の影響が及ぶことは間違いない。

次章で詳述するが、TPP発効によって適用されるISDS条項（Investor State Dispute Settlement＝投資家対国家間の紛争解決条項）は、例えば米国から日本へといったように海外に投資した企業を保護することを目的とし、企業が投資先の国で不利益を被ったとして訴えを起こせば、世界銀行傘下の国際投資紛争解決センターで審議されることになる。そして、過去には企業の利益が国の法律さらには憲法の規定よりも優先されたケースがあるのだ。

日本では従来、医療や教育といった分野では、市場原理だけに任せることはせず、国家が国民の幸せを考え積極的に関《かか》わり、責任を負ってきた。しかし、新自由主義思想が国家の関与と責任を希薄にし、ＴＰＰの発効はそれを加速するだろう。そして、ジャーナリストの堤未果が『沈みゆく大国 アメリカ』（集英社新書）で指摘した通り、国家戦略特区ではすでに医療制度の規制緩和が始まっている。

二〇一五年六月、東京圏の四カ所の医療機関（聖路加《ルカ》国際病院、聖路加《ルカ》メディローカス、慶應義塾大学病院、順天堂医院）で、外国人医師が日本人を含めた自国外の患者を診察できる特例が認められている。日本の医師資格を持たない外国人医師の日本での医療行為が認められたということだ。

今後は、日本の薬事法で認められていない医薬の使用も認められるだろう。事実、二〇一四年六月に政府が発表した成長戦略（「日本再興戦略」の改訂版）では、医療に関して「保険診療と保険外診療を併用する『混合診療』を拡大する」という主旨の文章が書かれている。忘れてならないのは、高額な医療費の支払いが発生する保険外診療を受けることができるのは一部の富裕層にかぎられ、混合診療の実施は高額の医療費を支払えない層ではなく、彼ら富裕層に利するものだということだ。

全日本民主医療機関連合会会長の藤末衛は『徹底解剖 国家戦略特区――私たちの暮ら

しはどうなる？』（コモンズ）で次のようなケースを示している。

「たとえば、三日間の入院治療で、入院代二〇万円、検査代九万円、抗がん剤代三〇万円と想定してみよう。抗がん剤が保険適用ならば、高額療養費制度を使って患者負担八万円、抗がん剤が保険未適用ならば、混合診療禁止で五九万円、混合診療で三九万円になる」

保険診療と保険外診療を併用する混合診療では、保険が適用されない薬を使う場合には、混合診療禁止の場合よりも患者負担が少なくなっている点に注目したい。混合診療は一見結構な制度に思えるが、そもそも抗がん剤が保険適用されるならば患者負担は八万円で済むのである。前掲のケースでは、保険未適用の抗がん剤を利用できるのは高額の医療費を支払える患者にかぎられる。混合診療によってそういった富裕層が逆に優遇される状況が生じるのである。

特区で拡大する地域格差

第一章で紹介したように、国家戦略特区・各区域の内容を精査すると、随所に「国際競争力の強化」という文言が登場してくる。これは、言い換えれば「市場原理の徹底によって利益を最大化していく」ということにほかならない。仮に国家戦略特区構想が目論《もくろ》み通りに機能した場合、待っているのはどのような社会だろうか。

そもそもSEZの設置という政策は、区域外の地方から区域内へと人材・物資・資本を吸収しようというものだ。また、規制緩和の名の下で、区域内では企業に関税・法人税の減免（機械を購入した際の特別償却または税額控除の措置）などの優遇措置が取られ、区域外の企業とは経営環境の面で格差が生じる。

日本では国家戦略特区構想のいっぽうで、地方からの若年人口の流出が止まらず過疎化が進み、経済的にも疲弊した地方の再生がバブル期以降の大きな課題となってきた。第二次安倍政権では、二〇一四年に「地方創生担当大臣」というポストまで用意して取り組む姿勢を見せている。しかし、国家戦略特区構想が進めば、間違いなく特区外の地方はいま以上に疲弊する。国家戦略特区と地方創生は、そもそも矛盾する政策なのだ。

二〇一五年八月に国家戦略特区第二弾として追加認定された三区域には「地方創生特

区」というサブタイトルがつけられている。また、二〇一五年一二月の第三次指定でも、「地方創生特区の第二弾」というフレーズが使われている。地方創生というなら、第一弾で認定された養父《やぶ》市も間違いなく当てはまるはずだが、なぜ、後から取ってつけたようなサブタイトルを設けるのか。「国家戦略特区なのか、地方創生特区なのか？」という混乱を招くだけのサブタイトルを用意した理由には、前述した根本的矛盾を糊塗《こと》しようとする狙いがあると考えられる。

現在でも都市部と地方の格差が深刻だからこそ「地方創生担当大臣」というポストが置かれているはずだが、仮に国家戦略特区の各区域が掲げる政策課題がクリアされれば、その格差はさらに拡大する。第一章で紹介したそれぞれの政策課題では「起業の促進」という言葉も多用されていたが、起業は「雇用の創出」を意味する。現在も地方の過疎化の要因となっている労働力の流出が特区に向けて加速することになるのだ。また、起業には資本が必要だが、これも地方から特区内に吸収されていくことになる。

その結果、特区内は〝疑似バブル〟のような景気に沸くかもしれないが、いっぽうで区域外の地域は「過疎」「疲弊」という言葉では到底足りないようなゴーストタウン状態になるだろう。

一九八一年から二〇〇一年にかけてGE（ゼネラル・エレクトリック社）のCEO（最高経営責任者）を務めたジャック・ウェルチが掲げた経営戦略「選択と集中」は、今日では多くの企業経営者が参考とする指針になっている。仮に五〇年後に日本の人口が現在の半分に減り、経済規模が縮小するのなら、人材・物資・資本を特区内に集中させるのが得策と考えても不思議はないだろう。

しかし、いうまでもなく企業経営と国家権力の運用は異なる次元のものだ。企業において「選択と集中」で選択されなかった部門の人員は多くがリストラされることになるが、同じことが同一国家内の地域間でおこなわれるのなら、それは企業のリストラとは比較にならない。もはやそれは〝棄民〟である。

国家戦略特区・各区域の規制緩和メニューの違いを見ても、都市部を優先させる意図は読み取れる。

東京圏、関西圏は、先端医療・イノベーション・企業誘致などを通じて国際競争力を高めるとしているが、国家戦略特区内で実施する規制緩和（＝「岩盤規制」の切り崩し）を全国に拡大していきたいという狙いは明白だ。

いっぽう、福岡市・北九州市、新潟市、養父市、沖縄県は、雇用規制の緩和・農業再生・カジノなどによって疲弊している地方を「なんとかしたい」というだけの苦し紛れのプランのように見える。特に農業に関しては、安倍首相が本音では〝お荷物〟と考えている分野だ。また、東京圏、関西圏に比べて、それ以外の国家戦略特区は実現に向けてのロードマップが不透明である。すでに申請済みの事業計画の件数が少ないのは東京圏、関西圏の経済規模との比較で当然としても、大きなヴィジョンに基づく計画というよりも急場凌《しの》ぎの対症療法という印象を強く受ける。

「地方の切り捨て」が国家戦略特区構想に隠された本音という見方は、間違いだろうか。この構想が軌道に乗ったとしたら、必然的に地方は切り捨てられることになるのである。

ＳＥＺの成功例、一九七九年に中国が深圳《しんせん》などの沿海部に設置した「経済特区」は、第一章で述べたように、特区の内と外で一般中国人の往来を国境並みに厳しく管理してきた。その理由は、特区内とそれ以外の地域では先進国と開発途上国のような格差があったからにほかならないのだ。

特区内にも格差が生まれる

そして、国家戦略特区の内側でも格差は拡大する。なぜならば、この政策が国際競争力を高めることを名目に、強い者がより強くなるためのプランだからだ。特区内では、これまで〝社会的弱者〟を守ってきたような社会保障政策は規制緩和によって撤廃される。福岡市・北九州市が「解雇規制緩和による起業促進の拠点」となることを特区構想の主たる目的として掲げているのは、その一例といえるだろう。

繰り返しになるが、特区内では起業が促進され、新たな雇用が生まれるかもしれない。関税や法人税の減免によって特区内の企業はバブル景気に沸くかもしれない。しかし「強い者をより強くする」ことを目的としたこの構想が、強くしようとしているのは一般労働者ではないのだ。優遇されるのは外資系企業、あるいは国内企業であっても大資本の大手である。雇用規制の緩和がおこなわれれば、資本家と労働者の関係は産業革命直後の状態まで逆戻りすることも考えられる。

国家戦略特区構想の狙いが「岩盤規制」を打ち壊すことにあるのは、述べた通りだ。安倍首相は二〇一四年一月にスイス・ダボスで開かれた「世界経済フォーラム年次会議」（別名・賢人会議）で、次のように語っている。

「既得権益の岩盤を打ち破る〝ドリルの刃〟になるのだと、私は言ってきました。春先には、国家戦略特区が動き出します。向こう二年間、そこでは、いかなる既得権益といえども、私のドリルから無傷ではいられません」

問題は、「既得権益」がなにを指すかということだ。二〇一三年七月五日に開かれた国家戦略特区ワーキンググループの席で「有識者等からの『集中ヒアリング』」がおこなわれ、その席である大学の教授は次のように発言している。

「たとえば大企業のホワイトカラーなどというのは、大金持ちではないけれども、雇用慣行という既得権によって守られている」

つまり、普通に働く人々が「既得権益者」であり、現状で彼らの権利を守っている雇用規制や労働基準法は、打破すべき「岩盤規制」だという論理だ。その姿勢は、安倍政権が国家戦略特区構想と並行して、成長戦略の一環として進めてきた労働関連法制の改正にも表れている。

労働組合などからは「残業代ゼロ制度」「過労死促進制度」と批判されているもので、第一次安倍政権時代の二〇〇六年には法案まで作成しながら国会提出を断念している。しかし、民主党政権（二〇〇九〜二〇一二年）の崩壊を経て野党勢力が弱体化した状況で、第二次安倍政権で二〇一五年四月に法案が閣議決定された。

途上国並みの労働環境に逆戻り

安倍政権が推進している改正労働基準法案の内容は、金融商品の開発や市場分析・研究開発などの業務に従事する年収一〇七五万円以上の働き手を対象とし、対象者には「年一〇四日の休日」「勤務の間に一定の休息」「在社時間などに上限」のうちいずれかの措置を取るものの、従来の労働基準法で定められていた労働時間の規制は撤廃されるというものだ。

また、改正法案には、あらかじめ決められた労働時間を超えて働いても残業代が出ないという「裁量労働制」の適用範囲を拡大することも盛り込まれている。

これまでは主に企業の経営計画などを作成する部門にかぎられて適用されてきたが、これが「課題解決型の営業」や「工場の品質管理」といった業務にまで拡大される。さらに、二〇一五年九月には労働者派遣法の改正も国会で可決され、同年九月三〇日から施行された。この法案も過去に二度、廃案となっていたものだが、衆参両院で安定多数を維持する第二次安倍政権の下でついに現実のものとなったのだ。

内容についての大きなポイントは、これまで通訳などの「専門二六業務」以外は、企業が派遣社員を活用できる期間が上限三年とされていたが、この規制が撤廃された点にある。現状ひとりの派遣労働者が企業の同じ部署で働ける期間には三年という制限があるが、部署を異動すれば三年を超えて雇用を続けることが可能で、派遣労働者を入れ替えれば同じ部署でも期間に制限なく働かせることができるというものだ。

また、第一章で示した国家戦略特区ワーキンググループで検討された規制改革事項案にあった「有期労働契約期間（五年）の延長（契約型正規雇用制度の創設等）」について、ここで解説しておく。「契約型正規雇用」というのは耳慣れない言葉だ。というよりも、一般の認識にある契約社員と正社員というふたつの雇用形態を混合した言葉だが、まさに「正規・非正規の間の雇用格差」という批判をかわすためといっていい。

加えて、労働者派遣法に先駆けて改正された労働契約法（二〇一二年八月公布）により、これまで通算五年と定められてきた労働契約期間の上限を撤廃し、五年を超えたときは、労働者の申し込みにより、期間の定めのない労働契約（無期労働契約）に転換できるようになった。厚生労働省はホームページ上で、この改正について「雇止めに対する不安を解消し、働く方が安心して働き続けることができるように」と解説している。

「雇止め」というのは契約期間の満了によって使用者が契約労働者を辞めさせることだが、これをよろこんでいいのだろうか？　この労働契約法の改正は「契約社員は、いつまでたっても契約社員のまま働かされる」ということを意味する。そして、こういった雇用形態を政府は「契約型正規雇用」と名づけることで正規／非正規という言葉で加えられる雇用格差への批判をウヤムヤにしようとしていると考えるべきだろう。

正社員と派遣・契約など非正規雇用の社員の格差は縮まるどころか固定され、正社員たちを守ってきた労働基準法などの制度も「岩盤規制」として安倍首相の〝ドリルの刃〟で容赦なく打ち砕かれていく状況だ。その結果、利益を得るのは企業にほかならない。そして、これらの政策が、より顕著な形で、より急速に進められていくのが国家戦略特区なのである。

安倍首相のいう「世界で一番ビジネスがしやすい環境」の実像が見えてきたのではないだろうか。それは、労働基準法など整備されていなかった時代、あるいは人権意識が希薄で搾取が横行する開発途上国のような状況だ。ＳＥＺは本来、途上国に設置されて効果を発揮するものだが、国家戦略特区構想は日本を途上国並みの労働環境に逆戻りさせようというものなのだ。

国民皆保険制度の形骸化《けいがい》

二〇一四年四月、経済財政諮問会議と産業競争力会議の合同会議がおこなわれた。ここで、保険診療と保険外診療を併用する「混合診療」の大幅な拡大を検討するよう、関係閣僚に指示が下されている。さらに同年五月には、規制改革会議で混合診療の実施病院を一〇〇カ所以上設置する旨の公式の意見が述べられている。安倍政権は医療分野も市場原理に一任しようと考えているのだ。そして、その構想を国全体に先駆けて実現していくのが国家戦略特区である。

東京圏の四病院で外国人医師による診察が始まっていることは述べたが、二〇一四年五月の「第五回国家戦略特別区域諮問会議」で配布された資料によれば、混合診療も東京圏の神奈川県と成田市、関西圏の大阪府と京都府で、規制緩和のメニューとして計画の初期段階から実施されることが見込まれている（兵庫県でも、時期的には少し遅れる可能性があるが実施される見込み）。

混合診療とは、実際にどのようなものだろうか。国民皆保険制度によって、日本国民であれば誰でも同質の医療サービスが受けられることに馴《な》れてきた者にとっては具体像が想像しにくいかもしれないが、歯科治療では以前からおこなわれてきたものだ。例えばインプラント（人工歯根）は基本的に保険適用外の治療である。一本数十万円という高額な治療費が発生し、それが支払えなければ入れ歯（義歯）にするほかない。また、歯冠（被《かぶ》せもの）を施す場合も、金やセラミックなどの素材を使ったものは保険適用外となる。

特にインプラントの技術が普及して以降、歯科医療の分野では二極化が急速に進んでいる。設備投資をして高額な保険外治療を望む患者を集めるクリニックと、保険治療だけをおこなうクリニック。歯科医師の収入面でも格差が拡大し、後者の多くは存続の危機に晒《さら》されているという。

そして、国家戦略特区を皮切りに、同じことが一般医療の分野でも起きるのである。混合診療をおこなわない医療機関はどうなるか。歯科医師と同様、混合診療をおこなう機関の医師とそうでない医師の間で所得格差が生まれ、保険診療だけをおこなう医療機関は医師や看護師などの人材が慢性的に不足する事態に陥るだろう。現在も医療スタッフの人材不足は深刻だが、それがさらに加速し、閉鎖に追い込まれる医療機関も出てくるに違いない。

また、保険診療と保険外診療の〝医療の質〟の格差も問題だ。混合診療を拡大する狙いのひとつは、人口動態の高齢化によって増大し続ける医療費を抑制することにある。ある病気を治療するのに保険診療と保険外診療というふたつのメニューがあり、後者を選択する患者が増えれば国の医療費負担は減るのである。

高額な治療費を支払える人には、保険外診療を選んでもらいたいというのが国の本音だろう。そのためには、保険外診療には高額の費用に見合うだけの効果や患者の満足度が求められる。保険診療との〝医療の質〟の格差は、混合診療の結果として生じるのではなく、意図的に拡大されていくはずだ。

保険診療の適用範囲が縮小される可能性

少し前の話になるが、二〇〇三年三月に開かれた総合規制改革会議の第二回アクションプラン実行ワーキンググループの議論では、「保険診療と保険外診療の線引きの基準」について質問された厚生労働省の保険局・医療課長が次のような主旨の発言をしている。

「自由診療（保険外診療）というのは、美容整形のように保険をまったく使わない診療です。治療に限定されるわけではなく、美容整形のようなものも含まれます。保険診療というのは、健康保険に基づく患者の治療です。自由診療に関する制度は、法的には存在しません」

この発言は重要である。つまり、なにに保険が適用され、なにが適用外となるかに法的な基準は存在しないということなのだ。厚生労働省は混合診療に対して禁止の立場を取ってきたが、二〇〇七年には「法的根拠がない」として解禁を求める訴訟も起きている（原告・清郷伸人、被告・国）。東京地裁は混合診療の禁止について、健康保険法上直接に規定した条文がないことを理由に厚生労働省の混合診療を禁止する法運用には「理由がない」としたが、東京高裁は二〇〇九年に地裁の判決を取り消す決定を下した。その後、原告は最高裁に上告するも、棄却されている。

しかし二〇一五年五月、実質的に混合診療を解禁する医療保険制度改革関連法案が国会で可決され、二〇一六年度から実施されることとなった。国家戦略特区ではそれに先駆けて動き始めているが、保険診療と保険外診療の線引きを規定する法的根拠はないままだ。医療保険制度改革関連法案で混合診療を実質的解禁とした理由を、首相官邸は「国内未承認の医薬品などを迅速に保険外併用療養として使用したいという患者の思いに応《こた》えるため」と説明している。だが、同じ口実で今後、保険外診療の枠が拡大されていき、逆に保険診療の適用範囲が縮小されていく可能性は十分にある。

そして、こういった〝すべてがカネ次第〟の動きは医療分野にとどまらず薬価・介護・保育にも拡大されようとしている。特に薬価は、TPP参加によって新薬データの保護期間が延長されることで同等の効果を持ったジェネリック医薬品の利用範囲が狭められ、高騰することが予想される。治療に新しい医薬を使いたければ、高額の薬価を負担することになる。介護についても、特別養護老人ホームでの虐待など悲惨なニュースに接する機会が増え続けるいっぽう、一般民間企業の参入が認められ、高額な入居費用を支払えば快適な老後を過ごせる施設も増えている。待機児童の問題が解決しない保育施設についても同様だ。

日本国憲法は、憲法第二五条で「すべて国民は、健康で文化的な最低限度の生活を営む権利を有する」「国は、すべての生活部面について、社会福祉、社会保障及び公衆衛生の向上及び増進に努めなければならない」（第二項）と定めている。医療という人間の命に直接的に関わる分野まで市場原理のみに委《ゆだ》ねてしまうことは、この条文が規定する〝国家の責任〟の放棄といえるだろう。

教育格差が拡大する

第一章で述べたレッセフェールが、もし社会的メリットをもたらすとすれば、対等な条件で健全な競争がおこなわれた場合にかぎられる。

例えば、A社という企業が製造・販売している「a」という商品と、それと競合するB社の「b」という商品があったとしよう。「b」のほうが性能面ですぐれ、価格も安ければ、市場がそれを選択することは社会的メリットとなる。

しかし、A社とB社の間に資本力などで前提的格差が存在し、広告宣伝活動に費やす予算が桁《けた》違いだとすれば、「b」が市場で勝利するとはかぎらない。性能面で劣り、費用対効果も低い「a」を市場が選べば、社会にとってはデメリットとなる。つまり、市場原理が効果的に機能するためには、競争の前提となる条件が対等であることが求められるのだ。

教育は、ひとりひとりの人間にとっては競争の前提となる条件である。日本国憲法第一四条は「すべて国民は、法の下に平等であつて、人種、信条、性別、社会的身分又は門地により、政治的、経済的又は社会的関係において、差別されない」と定めている。また、第二六条は「すべて国民は、法律の定めるところにより、その能力に応じて、ひとしく教育を受ける権利を有する」としている。

教育基本法は第四条〈教育の機会均等〉で「すべて国民は、ひとしく、その能力に応じた教育を受ける機会を与えられなければならず、人種、信条、性別、社会的身分、経済的地位又は門地によって、教育上差別されない」「国及び地方公共団体は、障害のある者が、その障害の状態に応じ、十分な教育を受けられるよう、教育上必要な支援を講じなければならない」（第二項）「国及び地方公共団体は、能力があるにもかかわらず、経済的理由によって修学が困難な者に対して、奨学の措置を講じなければならない」（第三項）と定められている。国家戦略特区構想は、これらの法的な規定も根底から覆そうとしている。

規制緩和メニューのなかにある「公設民営学校」というキーワードが、その方向性を示している。耳慣れない言葉だ。民営学校というのなら、いわゆる私立の学校かと思うのだが、その前に「公設」という言葉がついている。つまり、公立学校の経営を一般民間企業に任せようというものだ。この形態の学校の設置は、関西圏（大阪府）と愛知県の規制緩和メニューに盛り込まれている。

これも、教育という従来は国が国民の幸せのために責任を負ってきた事業を民間に任せてしまおうという新自由主義の流れだが、公立ではなく公設となり、その経営を一般民間企業が担うということになれば、それぞれの学校で〝教育の質〟に差が生じるのは当然といえるだろう。民間企業が〝経営〟するのだから、学費が高騰することも考えられる。学校を経営する企業が倒産すれば、学校運営が困難になることもあるだろう。いずれにしても、憲法や教育基本法が定める「ひとしく教育を受ける権利」は著しく侵害されることになる。

また、TPP参加によって米国などの大学が日本の〝教育市場〟に参入してくることも考えられる。四六ページで示した国家戦略特区ワーキンググループで検討された規制改革事項案にも「海外トップスクール誘致のためのインターナショナルスクールの設置認可要件等の見直し」が挙げられている。米国とFTAを締結した韓国では、すでにいくつかの大学の韓国分校が開校している。いずれも学生を集めるために用いている宣伝文句は「留学するよりも安い」というもの。しかし、既存の大学に比べれば学費は圧倒的に高額だ。

ここでも医療同様、富裕層だけが質の高いサービスを受けられるという現実が進行している。そして、日本でも国家戦略特区を震源地として同じことが起きるのは間違いないといえるだろう。

解雇特区の恐怖

二〇一三年九月、当時の橋下《はしもと》徹大阪市長が「チャレンジ特区」案を大阪市と大阪府が共同で内閣府に提出すると発表した。いうまでもなく、大阪市は国家戦略特区・関西圏の中核都市である。安倍首相の推し進める国家戦略特区構想に対して、地域の側から規制緩和のメニューを提案した形だ。

大阪市・大阪府の資料によれば、チャレンジ特区の内容は「御堂筋エリアを対象に、能力主義・競争主義に果敢にチャレンジする高度な能力を持つ内外の人材や、そうした人材を求める企業が集まる条件を整備するため、労働法制の緩和を図る」というものだ。具体的には、一定以上の年収がある人を対象に、法律で決められている労働時間の上限規制（一日八時間・週四〇時間）を適用外としたり、解雇回避努力などをおこなった後でしか解雇できないとする規定を除外するといった規制緩和策が盛り込まれている。

この提案を受けて、政府は国家戦略特区ワーキンググループなどで内容を絞り込んだ上で、同年一一月に国会に提出された特区関連法案に大阪市・大阪府からの提案を盛り込んだ。その後、二〇一四年五月に公表された「第五回国家戦略特別区域諮問会議配布資料」によれば、雇用規制の緩和は大阪府のほか東京都・福岡市でも特区始動の初期段階から実施されることになっている。また、新潟市でも段階的に実施されていく予定だ。

橋下元市長のチャレンジ特区案が発表されると、インターネットなど一部のメディアでは「ブラック企業特区になる」といった意見が飛び交った。朝日新聞デジタル版も、次のように指摘した。


「今の解雇ルールでは、やむをえない事情がなければ、経営者は従業員を解雇できない。特区ではこれを改め、働き手と企業の契約を優先させる。例えば、『遅刻をすれば解雇』といった条件で契約し、実際に遅刻をすると解雇できる。立場の弱い働き手が、不利な条件を受け入れ、解雇されやすくなりかねない」（二〇一三年九月二〇日）

また、厚生労働省でさえ「そもそも、雇用は特区に馴染《なじ》まない。労働者の公平、企業の公正競争に関わるので、雇用規制は全国一律でなければならない」「労働者に対し、無期転換権（期限を決めずに雇用される権利）を放棄するよう使用者（経営者）が強要する可能性があるため、認められない」といった見解を示しているのだ。

結局ここでも、医療・教育の項で述べたのと同じことをいわなければならない。それは「市場原理だけに任せてはいけない分野にまで、市場原理を持ち込もうとしている」ということだ。

法治国家を歪《ゆが》める「一国二制度」

一八〇二年、世界で初となる労働基準法（工場法）が英国で施行された。一七六〇年代半ばにジェームズ・ハーグリーブスが、従来は手引き車で一本ずつ取っていた糸を同時に八本紡ぐことのできる多軸紡績機（のちに八〇本に改良）を発明し、一八〇四年にはリチャード・トレビシックによって蒸気機関車が発明（のちにジョージ・スチーブンソンによって改良）されるなど、当時の英国は産業革命の最中にあった。

大量生産が可能となった工場では新たな雇用が生まれ、それを求めて貧しい農村から都市部へと人口が流入し、大量の労働者が生み出された時代である。当時、一日の労働時間は一六～一九時間だったといわれている。当時は週休二日制ではなかったから、週の労働時間は一〇〇時間を超えていたはずである。また、労働災害に対する保障もなく、過酷な労働環境のなかで健康を損なう労働者が少なくなかった。その状況から労働運動が高まり、弾圧と挫折《ざせつ》を繰り返しながら、ようやく制定されたのが一八〇二年の工場法である（ただし、この法律にはあまり強制力がなく、労働時間の規制が本格的に始まったのは、数度の改正を経た一八三三年の工場法からである）。

日本では一九一六年に工場法が施行されたが、その後も一九二五年に発表された細井和喜蔵のルポルタージュ『女工哀史』や、一九二九年発表の小林多喜二の小説『蟹《かに》工船』などで描かれた悲惨な労働環境は根絶されずにいた。産業革命以降の「資本家の絶対優位」が続いていたのだ。当然、その状況に対して異議を唱え、実際に労働運動を展開する者も少なくなかったが、小林多喜二が特高警察によって逮捕・拷問死に遭うなど弾圧は苛烈《かれつ》を極めた。
そういった歴史の上に、日本で一九四七年に制定されたのが現在の労働基準法である。日本の敗戦からGHQ（連合国軍総司令部）による占領という背景があったにせよ、夥《おびただ》しい数の屍《しかばね》を乗り越えて、ようやくつかんだ労働者の権利といっていいだろう。一三章からなる条文は、第一章「総則」で次のように規定している。

「労働条件は、労働者が人たるに値する生活を営むための必要を充たすべきものでなければならない」（第一条）
「この法律で定める労働条件の基準は最低のものであるから、労働関係の当事者は、この基準を理由として労働条件を低下させてはならないことはもとより、その向上を図るように努めなければならない」（同前・第二項）
「労働条件は、労働者と使用者が、対等の立場において決定すべきものである」（第二条）
「使用者は、労働者の国籍、信条又は社会的身分を理由として、賃金、労働時間その他の労働条件について、差別的取扱をしてはならない」（第三条）

第三条には在日韓国・朝鮮人労働者の権利に配慮した背景も読み取れるが、外資の誘致を最優先課題とする国家戦略特区では、同じ能力・条件であっても外国人のほうが給与面で優遇されるケースが生まれようとしている。ここまで明らかにしてきたように、国家戦略特区構想は「一国二制度」の政策である。法律で厳格に規制されている事案も、特区法に盛り込み、国会で可決されれば、そこから逸脱することが治外法権的に許される。

しかし、前述した労働基準法の総則は、およそ「細かな規制」などと呼べるものではない。日本という国家が、労使関係に対してどのような態度で臨むかという基本理念を示すものだ。「一国」としての体制を維持するために日本におけるすべての労働の現場で遵守されるべきものだ。

国家戦略特区の違憲性

国家戦略特区での労働法制の緩和については二〇一三年一一月二〇日、衆議院内閣委員会で日本共産党の佐々木憲昭議員（当時）が「憲法違反である」との指摘をしている。

日本国憲法第二七条・第二項は、次のように定めている。

「賃金、就業時間、休息その他の勤労条件に関する基準は、法律でこれを定める」

佐々木議員は、特区を利用して法律で定められた労働のルールを緩和することは、労働者にとって不利益を与える「治外法権」を作り出すと指摘し、これは憲法第二七条・第二項に違反すると訴えたのである。さらに国家戦略特区ワーキンググループで〝解雇特区〟では雇用ルールについて労使の協議がなくてもよい」という規制緩和が検討されたことに対し、「労働者の代表を入れずに規制緩和の議論をすること自体に、民主主義の手続き上の問題がある」とも指摘している。

特区内での規制緩和は、例えば労働法制の緩和であれば、前項でその歴史も含めて紹介した現行の労働基準法を改正しなくてもおこなうことができる。労働基準法には手をつけずに、規制緩和の内容を盛り込んだ特区法を制定すればいいのである。

まさに「一国二制度」の状況を作り出すことになるが、チャレンジ特区案の内容に沿って労働基準法を改正しようとすれば批判の嵐《あらし》に晒されるのは間違いない。二〇一五年九月に集団的自衛権の行使を認めた安保法制が可決されたときのような、数万人規模のデモも考えられないことではない。

しかし「日本再興のため」と謳《うた》った特区法のなかに忍ばせるのであれば、それほど大きな話題になることもなく、批判の声を大きく低減できる。これも、国民にとっては特区政策の裏に潜んだ大きな罠《わな》といえるのではないか。

さらに、こういった制度改革の〝抜け道〟ともいえる特区法制定の手続き自体が「違憲」という見方がある。

これも前述したが、日本国憲法第九五条は「一の地方公共団体のみに適用される特別法は、法律の定めるところにより、その地方公共団体の住民の投票においてその過半数の同意を得なければ、国会は、これを制定することができない」と定めている。法律には「一般法」と「特別法」があり、前者は、その分野一般に適用される法律で、特別法がないかぎり適用されるものだ。この項で述べている労働基準法と、その規制緩和を盛り込んだ特区法でいえば、前者が一般法、後者が特別法ということになる。そして、特別法は一般法に優先するのである。

その特別法、特に国家戦略特区のように特定の区域について適用されるものについて定めたのが憲法第九五条だ。例えば大阪市・大阪府が提案したチャレンジ特区案の内容を盛り込んだ特区法の制定には、国会での採択の前に、まず該当する自治体で住民投票をおこない、そこで過半数の賛成を得る必要があるのだ。労働基準法の改正には批判の嵐が予想されるが特区法に労働法制の規制緩和を盛り込むのならハードルは低くなる、と指摘したが、憲法がそんな〝抜け道〟に歯止めをかけているということだ。

しかし、安倍政権は二〇一三年一二月に「国家戦略特別区域法」を制定し、当該区域内で公証人法や学校教育法の特例として規制緩和をおこなうことを認めているが、憲法が定める住民投票という手続きは経ていない。国家戦略特区構想がトップダウン型で推し進められていることは述べた通りだが、憲法で定められた地方自治・住民自治を無視することは許されない。

住民自治が無視されるというのは、考えてみれば恐ろしいことだ。例えば、いわゆるカジノ法案は、二〇一五年九月の段階では国会への提出が見送られているが、これにも「特定複合観光施設区域の整備の推進に関する法律案」という名前がついている。特区法と同じように、特定の区域でカジノを解禁しようというものだ。

あなたの街に突然、カジノができ、ギャンブラーたちが訪れるようになったら、どうだろうか。もしかしたら、街は経済的に潤うかもしれない。しかし、普通に考えれば（カジノ産業が儲《もう》かるのであれば）、ギャンブラーたちの半分以上は所持金を減らすか完全に失うかして、荒《すさ》んだ気分でヤケ酒を飲むことになるだろう。街の治安はどうなるのか。暴力団のような犯罪組織の関与を完全に排除できるのか。また、カジノが認められているマカオやシンガポールでは、ギャンブル依存症に陥る者が後を絶たず、社会問題となっている。二四時間開場しているカジノは、際限なくお金を賭《か》けることができるため、ギャンブル依存症に陥る危険性が高いという。

カジノ特区もそうした治安上、倫理上の問題を度外視すれば、「日本再興」の名の下に法整備が進められてもおかしくはないだろう。問題は、そういった法整備が憲法の定める地方自治・住民自治のルールを無視した形で進められている点にある。「労働基準法のような一般法を改正するのは難しいが、特区法のなかで規制緩和するなら簡単だろう」。もし、安倍政権がそう考えているのなら、それは大きな間違いだ。

企業の論理と農業

国家戦略特区・各区域のうち、新潟市と養父市と仙北市は「農業特区」としての性格が強いといえる。第一章でも紹介したが、新潟市で実践される規制緩和のテーマは、①農地の集積・集約、企業参入の拡大などによる経営基盤の強化、②六次産業化および付加価値の高い食品開発、③新たな技術を活用した革新的農業の展開、④農産物および食品の輸出促進、⑤農業ベンチャーの創業支援である。特に①の「農地の集積・集約、企業参入の拡大などによる経営基盤の強化」に注目したい。

要するに、米国型の大規模農業を日本にも導入して効率化を図り、日本産農業生産物の国際競争力を高めたいという意図だろう。しかし、米国型の大規模農業導入は、日本国内では土地面積などで破格のスケールを誇る北海道ですら不適という声がある。二〇一二年のデータで比較すると、日本の農地面積は四五五万ヘクタールしかない。米国の四億八七一万ヘクタールはまさに桁違いだが、フランスの二八八四万ヘクタールや同じ島国である英国の一七一八万ヘクタールと比較しても極めて狭小といわざるを得ないのだ。はたして新潟市で農業の大規模化は可能なのだろうか。

新潟市では二〇一五年三月に「ローソンファーム新潟」、七月に「セブンファーム新潟市」という農業法人が設立された。社名からわかるように、前者は大手コンビニチェーン「ローソン」の傘下、後者は「セブンイレブン」を展開するセブン＆アイ・ホールディングスの傘下だ。セブン＆アイ・ホールディングスは、二〇〇八年に千葉県富里市に「セブンファーム富里」を設立して以来、これまで全国一〇カ所で農業に参入してきた実績を持ち、ローソンファームも全国で二三カ所目となる。

異業種の企業による農業への参入は、過去にも二〇〇九年の農地法改正などの際に高まりを見せたことがあったが、これまで思い描いたほどの利益は上げられていないのが現状だ。その理由として、ひとつには農業が天候に左右される事業である点が挙げられる。農業には、天候やそのほかの自然条件によって、豊作の年もあれば不作・凶作の年もある。従来から農業に従事してきた人々にとってはあたりまえのことだが、製造業などの第二次産業、コンビニ業界のような第三次産業から参入する企業にとっては厄介《やっかい》な条件といえる。

例えば屋内の工場で製品を作る工業なら、少なくともそこでの作業は、天候など自然環境の影響はほとんど受けない。そして、その条件の下で綿密な事業計画が策定され、目標達成のために計画的に資本と労働力が投下される。現代社会は「予測」と「制御」によって動いているといっていいが、現代の高度に発達した工業はその典型といっていい。コンビニ・飲食店などの流通・小売り・サービス業も同様だ。しかし農業は、ほかの産業のように予測と制御でコントロールし切れるものではない。事業計画の行方が、人間の力の及ばない天候などの自然条件に大きく左右されるからだ。

計画通りに進まないということは、計画に基づいて投下された資本と労働力にロスが生じるということだ。こういった農業の事業特性は、どれほどの大資本が参入したとしても変わることはない。この章では、医療や教育といった分野にまで企業の論理に基づく規制緩和が及ぶことの危険性を指摘しているが、そもそも農業は第二次・第三次産業の企業論理・手法では経営することが難しい分野なのだ。もちろん、医療や教育と同様、農業も規制緩和によって企業の論理にすべてを委ねることは許されない分野だ。

える。

「農業の大規模化」という歴史への挑戦

また「農業の大規模化」は、世界的に見ても、農地解放運動の歴史に逆行する行為といえる。

単純に大規模農業が悪だといっているわけではない。しかし、農地解放運動とは、かつて大規模な土地を所有する地主の下で自分たちの土地を持たず小作農に従事することを強いられてきた農民たちを解放する運動のことだ。そして「土地を耕す者の手に」のスローガンの下で、ブラジルやフィリピンなど大土地所有制が残る地域では、いまも農地解放運動が続いている。

現在の日本の小規模農家は、第二次世界大戦後の農地改革によって、かつての地主制度からの解放があって生まれた階層が多数を占めている。農地改革以前の日本では全耕作地のほぼ半分を少数の地主が所有し、自分の土地を所有して耕作をおこなっている自作農は農民全体の約三割に過ぎないという中世さながらの状況だったのだ。

そして、国家戦略特区構想で農業に参入した企業に雇われて耕作に従事する人たちは、土地を持たなかったかつての小作農と同じ立場といえる。効率化が目的とはいえ、日本の農業を再び大規模化するというのは、農地解放運動さらには民主主義の歴史に対する挑戦といってもいいだろう。

先に「異業種の企業による農業への参入は、これまでにも二〇〇九年の農地法改正などの際に高まりを見せた」と述べたが、このときの農地法改正を農林水産省は〝平成の農地改革〟と自賛している。その理由は、前述した農地改革に伴い施行された農地法で、戦後一貫して守られてきた「耕作者主義」を削除した点にある。

これによって農業生産法人や個人でなくても（つまり他業種の企業であっても）農地を貸借することが認められたが、農民の視点からすれば農地に対する権利が大きく制限された内容といえる。そして、この流れの先にあるのが国家戦略特区構想における「農業特区」なのである。

国家戦略特区・TPP・特定秘密保護法の三位一体

二〇一三年一二月、特定秘密保護法（特定秘密の保護に関する法律）が国会で可決された。

この法律の目的は「安全保障上の秘匿性の高い情報の漏洩《ろうえい》を防止し、国と国民の安全を確保するためのもの」と説明されているが、多くの問題を抱えている。

まず「特定秘密」の定義が明確ではない。情報を特定秘密に指定できるのは防衛大臣や警察庁長官など「行政機関の長」ということになっているが、実際には大臣の下で官僚が判断することになる。そして国民からすれば、なにが特定秘密なのか、まったく判然としない。

また、特定秘密を扱う者に対して「適性評価」がおこなわれるのも問題だ。これは、本人同意の上ではあるが、借金を抱えていないか、過度の飲酒癖がないか、さらには親族の国籍なども調べるもので、プライバシーの侵害もはなはだしい。

そして、特定秘密としての保護期間は最長六〇年と長期にわたり、外国政府や国際機関との交渉に不利益を及ぼすおそれのある情報など、法律で定められたいくつかの事項に関してはいつまでも秘密のままにしておくことが可能となる。「国民の知る権利」を明らかに侵害している。

ＴＰＰへの参加を巡る交渉は、完全な秘密主義でおこなわれていた。結果的に、二〇一五年一〇月に大筋で合意となったが、たとえ合意にいたらなかった場合でも交渉の内容は四年間、伏せておかれることになっていた。また、この四年間の守秘義務は合意に達した場合にも有効で、大筋合意の後伝えられている内容は全体のごく一部に過ぎないのだ。そのため、交渉内容に関する情報を小出しにする政府に対して強い批判もある（二〇一六年一月七日、日本政府はＴＰＰ交渉参加国との間で協議した文書を日本語で公表した）。

場合によっては日本の農業を崩壊させ、食糧安全保障の面で日本を重大な危機に晒す可能性のある交渉でありながら、秘密主義が了解事項となっている。このＴＰＰへの参加に向けた交渉をおこなうには、特定秘密保護法を制定することが是非とも必要だったということだ。

そして、この章の冒頭で述べた通り、ＵＳＴＲのカトラー元次席代表代行は「ＴＰＰ交渉の非関税分野の議論は、ほとんど安倍首相の三本目の矢である構造改革プログラムに入っている。ＴＰＰ交渉のうち、ひとつの焦点となっている非関税分野で米国が目指すゴールと方向性が完全に一致している」と語っているのだ。国家戦略特区構想は、ＴＰＰと特定秘密保護法との三位一体で進められているといっていい。

この章では国家戦略特区構想の「隠された真意」を探ってきたが、ＴＰＰ交渉と同様、そこに迫るには特定秘密保護法が障壁となる。ただ、すでに現実のものとして動き出しているいる国家戦略特区の内容を丹念にウォッチし続けていくことは、安倍政権が国民の理解を十分に得ないまま急激に進めようとしている「経済のグローバル化」の正体を見極める重要な手段となるはずだ。

第三章　アジアの「特区」でなにが起きたか

米韓FTAに見る「経済植民地化」への道

特定秘密保護法に守られ、大筋で合意後も全貌《ぜんぼう》はヴェールに包まれたままのTPP（環太平洋戦略的経済連携協定）の内容がどのようなものか。また、すでに動き始めている国家戦略特区には、多くの面でTPPと重なる内容が含まれている。TPPが発効し、国家戦略特区が本格的に稼働し始めた後の日本は、どのような事態に遭遇するのか。

それを知る重要なカギが、米国と韓国の間で二〇〇七年に締結され、二〇一二年に発効した「米韓FTA」に隠されている。FTA（Free Trade Agreement＝自由貿易協定）は、TPPで実現される〝国境を越えたヒト・モノ・カネの流れ〟を、多国間ではなく二国間でおこなう条約だ。

また、米韓FTAに先立つ二〇〇三年、韓国は「経済自由区域」の構想を本格的にスタートさせている。前章で「すでに工業化に成功した国に、はたして外資が必要なのか？」という疑問を呈したが、実は韓国も工業化を実現した国でありながら、外資を誘致するための経済政策をおこなっているのだ。よって、韓国の経済自由区域と日本の国家戦略特区には多くの共通点を見出《みいだ》すことができる。「国家戦略特区構想は経済自由区域の模倣なのではないか？」と思えるほどである。

そして「経済自由区域→米韓ＦＴＡ」という流れも、現在の日本の「国家戦略特区→ＴＰＰ」という状況と非常に似通っている。この章では、米韓ＦＴＡと経済自由区域を中心に「アジアの特区でなにが起きているか？」を検証し、国家戦略特区の実像にさらに迫っていきたい。

ＴＰＰと米韓ＦＴＡの類似

前述の通り、ＴＰＰはまず二〇〇六年にシンガポール、ブルネイ、チリ、ニュージーランドの四カ国間で発効し、そこに米国、オーストラリア、ペルー、ベトナム、マレーシアが新たに参加するための協議が二〇一〇年に開始されている（二〇一二年からはメキシコ、カナダも交渉に参加）。この時点で、日本は参加か見送りかの態度を保留していた。

当時の日本は民主党政権時代だが、内容がどのようなものになるか参加しなければわからない（そして交渉に参加してもその内容は四年間、公開できない）のだから、態度を決めかねるのは当然といえよう。この当時、民主党や自民党の国会議員たちが米国に赴き、なんとか内容を知ろうとしていた。そこで彼らが面会にこぎつけた米国政府の関係者たちは、決まって次のようにいったという。

「米韓FTAを参考にしろ。TPPで議論される内容は、すべて米韓FTAに盛り込まれている」

「TPPは、米韓FTAの自由貿易レベルをさらに高めたものになる」

結局、二〇一二年一二月に民主党政権が崩壊し、第二次安倍政権が発足すると、直後の二〇一三年三月には安倍首相がTPP交渉への参加を表明した。この時点でもTPPで議論される内容は正確には把握していなかったはずだが、二〇一五年一〇月には大筋での合意が発表されている。米韓FTAの締結から九年（発効から四年）を経た二〇一六年現在、韓国でどのような事態が起きているかを見てみたい。

まず、TPPやFTAのような国家間の自由貿易協定で必ず問題となるのが「ISDS

条項」（Investor State Dispute Settlement＝投資家対国家間の紛争解決条項）である。これは、例えば米国から日本へといったように海外に投資した企業を保護することを目的としたものので、ほとんどの自由貿易協定に盛り込まれる条項だ。当然、米韓ＦＴＡにもＴＰＰにも適用される。また、日本が世界各国と結んでいる投資協定やＥＰＡ（Economic Partnership Agreement＝経済連携協定）の多くにも、この条項が盛り込まれている。ＩＳＤＳ条項を根拠に企業が投資先の国で不利益を被ったとして訴えを起こせば、多くの場合、国際投資紛争解決センターで審議されることになる。

なお、前述の通り、この国際投資紛争解決センターは世界銀行の傘下組織である。世界銀行は米国が最大の出資国であり、その総裁には米国人が就くのが不文律であることに留意が必要だ。

繰り返し述べてきたように、ＳＥＺ（特別経済区）の設置は主に開発途上国で用いられる工業化実現のための手段である。自国内の資本力が十分でなく、工業化のためには外資が必要という状況で外国からの投資を受け入れたものの、その後、国内の産業が成長して外資系企業が邪魔になるというケースもあるだろう。

その場合に、投資受け入れ国が外資系企業に不利になる法律を新たに作るなどして追い出しを図ることも考えられる。そのような事態が起きたときにＩＳＤＳ条項がなければ、資本の投下を通じて受け入れ国の工業化に貢献した企業であっても〝泣き寝入り〟をするほかなくなる。

いま述べたようにＩＳＤＳ条項は、投資受け入れ国が投資した企業に不利となる法律を新たに作るなどした場合に、企業を守ることが本来の目的だ。しかし、実際にはその目的を超えて、投資受け入れ国の立法・司法の主権よりも企業の利益が優先されるものとなってしまっているのである。

ISDS条項がポイズン（毒素）と呼ばれる理由

世界で最初にＩＳＤＳ条項が注目されたのは、一九九四年に米国・カナダ・メキシコの間で発効したＮＡＦＴＡ（North American Free Trade Agreement＝北米自由貿易協定）で、米国の企業がカナダ政府を訴えたケースだ。

一九九七年四月、カナダ政府は、ＭＭＴ（メチルマンガン化合物）のカナダ国内への輸入と各州間での流通を禁止する連邦法を成立させた（ただし、使用は禁止しなかった）。MMTは無鉛ガソリンのオクタン価を上昇させるために添加される物質で、その燃焼過程で人体に有害な影響を与えるとされる。米国でMMTを製造するエチル社の子会社であるエチル・カナダ社は、カナダ各州でMMTの製造施設が作らなければならなくなったとして、同年四月一四日、UNCITRAL（国際連合国際商取引法委員会）に仲裁手続きを申請した。しかし一九九八年七月、カナダ連邦政府は、当該連邦法を取り下げ、エチル社に一三〇〇万ドル（当時のレートで約一八億二〇〇〇万円）を払って和解したことを公表した。

さらに一九九八年に始まった訴訟のケースも挙げたい。米国の廃棄物処理業者が、カナダで処理をした廃棄物を米国内に輸送してリサイクルする事業計画を立てたところ、カナダ政府が環境保護上の理由から米国への輸送を一定期間、禁止する処分を下した。廃棄物にはPCB（ポリ塩化ビフェニール）が含まれていたのだ。強い毒性を持つ物質で、日本では一九六八年に起きた「カネミ油症事件」で注目され、一九七五年には製造・輸入が原則禁止されている。一九七〇年代以降、現在では世界中の多くの国がこの物質の規制を実施し、特にカナダのように環境問題に対する意識の高い先進国では、厳しく管理されている。

その意味で、カナダ政府の処分は理に適《かな》ったものだった。しかし、米国の廃棄物処理業者の訴えを受けた国際投資紛争解決センターが二〇〇二年に下した決定は「カナダ政府に賠償金八二三万ドル（当時のレートで約一〇億円）の支払いを命じる」というものだった。

韓国で起きた事態に話を戻せば、二〇一二年一一月、韓国政府も米系私募ファンド「ローンスター」からＩＳＤＳ条項を楯《たて》に訴えられる事態が起きた。二〇一五年五月に国際投資紛争解決センターでの審議が始まっている。

ローンスター側の主張は「韓国政府の不適切な税務調査や、韓国外換銀行の株式を売却しようとした際に韓国政府が故意に承認を遅らせたことなどによって一四億ユーロ（約一九〇〇億円）の損害を被った」というものだ。

ローンスターは二〇〇三年に破綻《はたん》寸前だった韓国外換銀行を買収していたが、同銀行の株式を世界最大級の金融グループ「ＨＳＢＣ」に売却しようとした際に、韓国政府がそれを遅らせた（その理由はローンスターによる韓国外換銀行株価の不正操作容疑が発覚したためである）。これによって損害を被ったというのである。

また、結果的にローンスターが韓国外換銀行株などを売却して得た四兆七〇〇〇億ウォン（約四七〇〇億円）に対して、韓国政府は三九三二億ウォン（約三九三億二〇〇〇万円）を課税したが、これについても不服を申し立てている。その理由は「自分たちの本社はベルギーにある。韓国とベルギーの間で交わされている二重課税防止条約によって、ベルギーで税金を納めている以上、韓国では税金の支払い義務はない」というものだ。

ローンスターによるＩＳＤＳ条項に基づく提訴は、韓国にとってはじめて経験する事態だが、米韓ＦＴＡが発効した今後は同様の事態がさらに増えることが予想される。全二四章からなる米韓ＦＴＡ協定文は、第二二章「総則規定・紛争解決」で、米韓ＦＴＡ義務違反とはいえないケースでも、米韓ＦＴＡの規定に基づいて合理的に期待できる利益が得られなかった場合には紛争解決の場に提訴できるとしている。それを防ぐためかどうかはわからないが、韓国政府は米韓ＦＴＡ発効とともに七〇を超える法律を改正している。

まさに、外資系企業によって国家の主権が侵害される事態が、韓国で起きているのである。ＩＳＤＳ条項が「ポイズン（毒素）条項」と呼ばれる理由が、ここにある。そして、国家戦略特区構想によって一気に門戸を開く日本にも、その毒素は迫っている。

韓国「経済自由区域」の失敗

韓国の経済自由区域は、二〇〇三年七月に関連法が施行され、同年八月に仁川《インチョン》が区域に指定されて以降、済州《チェジュ》特別自治道を除く全国各道でそれぞれ一カ所が指定され、現在では仁川、釜山《プサン》・鎮海、光陽湾圏、黄海、大邱《テグ》・慶北、セマングム・群山《クンサン》、東海岸圏、忠北の八区域（九三地区）で構成されている。

前述のように、経済自由区域は日本の国家戦略特区と同様、途上国ではなく工業化に成功した国が外資を誘致する目的で設置されたＳＥＺだ。途上国では国の経済が未成熟な分、外資系企業に対して関税や法人税の減免など大幅な優遇措置が可能だが、韓国や日本で同じようなことができるのだろうか。

結論からいえば、韓国の経済自由区域は外資の誘致に成功していない。むしろ、米韓ＦＴＡの発効と併せれば、経済面でマイナスの効果さえ表れている。

韓国貿易投資振興公社（Korea International Trade Association）が二〇一四年三月一五日に発表した「韓米ＦＴＡ発効二年の対米輸出成果と分析」によれば、対米輸出額は二〇一一年の五六七億ドルから二〇一三年の六二二億ドルへと約九・七パーセント上昇している（同じ期間の対世界輸出額の伸びは〇・八パーセント）。また、米韓ＦＴＡの発効によって米国が関税を撤廃した「恩恵品目」の輸出額は、二八・三パーセント増加している。

この数字だけを見れば、経済自由区域・米韓ＦＴＡは韓国経済にメリットをもたらしたと見ることも可能だろう。しかし、二〇一二年三月から二〇一四年七月までの対米輸出額を月別に見ると、前月を上回ったのは二九カ月のうち半分以下の一三カ月に過ぎないことがわかる。つまり、経済自由区域・米韓ＦＴＡは、決して順調な成長につながってはいないということだ。

また、米国からの輸入額は、二〇一一年の四四六億ドルから二〇一三年の四一五億ドルへと、七・〇パーセントの減少を示している（同じ期間の対世界輸入額の減少率は一・七パーセント）。その主な原因は、韓国の国内市場は縮小傾向にあり、経済的に長期停滞状況に陥りつつあることだ。そこに、目標としただけの外資を誘致できなかった経済自由区域の失敗が与えた影響は少なくないだろう。

二〇一二年七月、韓国政府は経済自由区域に関する事業評価を実施した。東海岸圏と忠北は二〇一三年に指定されているので、この事業評価で対象となったのは六区域（八五地区）となる。その結果は、一一地区が「事業不振」、一八地区が「普通」、四七地区が「良好」、九地区が「（判定）保留」というものだった。「良好」と判定されたのは、およそ半分ということだ。

そして、肝心の外資誘致に関しては、惨憺《さんたん》たる状況といっていい。二〇〇三〜二〇一三年の一〇年間で経済自由区域に投入された外資は、仁川に四〇億ドル、釜山・鎮海に一五億五〇〇〇万ドル、光陽湾圏に八億五〇〇〇万ドル。合計しても、この期間に韓国全土に入ってきた外資の六パーセントに過ぎない。そして、これら以外の五区域には外資誘致が一件も実現していない状況だ。

経済自由区域の建設には約一三二兆ウォン（約一三兆二〇〇〇億円）もの巨費が投じられ、そのうちの一〇〜一五パーセントは政府予算で賄われている。これほどの国家的プロジェクトが当初の目論《もくろ》み通りに機能せず、成果を上げられずにいる理由はどこにあるのだろうか。

考え得る答えは、ひとつだ。やはり、途上国に設置されているSEZとのインセンティブ競争に勝てないのだ。与えられる優遇措置が同程度なら、企業は人件費の安い途上国を選ぶだろう。人件費が途上国よりも格段に高い韓国が外資を誘致するためには、規制緩和のレベル・自由度をさらに上げる必要があるが、そこには成熟した国家としての高いハードルが存在するのだ。

では、韓国よりもさらに人件費が高い日本に設置されている国家戦略特区に外資系企業は参入してくるのか。もし、参入が実現するなら、そこには先進国としての体裁をかなぐり捨てた、とんでもないレベルの規制緩和が必要となる。

過激すぎる規制緩和

実際に韓国の経済自由区域では、橋下《はしもと》徹元大阪市長が提案した「チャレンジ特区」も驚くほどの過激な規制緩和がおこなわれている。しかし、それでも外資は思い通りに誘致できていない。

経済自由区域では、まず外国人労働者や外資系企業の役員に対して所得税の減税という優遇措置を実施している。これは、途上国を中心に三五〇〇を超えるというほかのSEZ

でも多くが実施している内容で、ＳＥＺ設置の目的を考えれば特に驚きには値しないかもしれない。しかし、韓国は途上国ではない。国費を拠出して経済自由区域を建設し、ここまで露骨に外資に媚《こび》を売る理由がどこにあるのだろうか。

また、経済自由区域内では派遣労働に対する規制も緩和された。これは、第二章で述べたように、日本も同様の法改正をおこなった内容だ。

そして、真に驚きに値するといっていいのは、障害者、高齢者、国家功労者などの「就業保護対象者」に対する優先採用の義務を撤廃したことだ。同様の義務規定は日本にもあり、むしろ日本では二〇一三年度から「障害者の法定雇用率」が引き上げられている。具体的には、民間企業は一・八パーセントから二・〇パーセントへ、国や地方の公共団体では二・一パーセントから二・三パーセントへなどといった内容だ。また、この義務を負う事業主体の規模も、従来の従業員五六人以上から五〇人以上へと適用の範囲が拡大されている。つまり、日本が「先進国としての体裁」を強化したのだとすれば、韓国はそれに逆行していることになる。

さらに驚くべきは、有給休暇や女性の生理休暇に関する規制を撤廃したことだ。韓国でも、日本の労働基準法にあたる「勤労基準法」は、闘争と弾圧の歴史があった上で労働者がようやく勝ち取った成果であり、これが制定されたことによって韓国は「人権を尊重する民主的な国家」としての体裁を整えたといっていい。しかし、有給休暇や女性の生理休暇を認めないということが許されるのなら、せっかくの体裁も失われたことになる。

また、これほどまでに過激な規制緩和の下で働く労働者たちは、区域外の、勤労基準法に守られた労働者たちよりも高い報酬を得られるのであろうか。経済自由区域設置のための法制には、そのような条文はない。当然だろう。経済自由区域に参入しようかと考える企業にとって人件費が高いか安いかは、最大の判断材料となる。外資を誘致するために経済自由区域を設置する側が、わざわざ「区域内では過酷な労働条件を強いる代わりに高賃金を保証します」とはいえるはずがないのだ。

日本円にして約一三兆円もの国費を投じて建設したにもかかわらず、外資の誘致という目標が達成できない。韓国経済の発展のためにといいながら、優遇措置は外資系企業や外国人労働者に向けたものばかり。自国民に対しては人権侵害といってもいい規制緩和だけが先行している……。どうして、このような悪循環に陥るのだろうか。韓国も、一九七〇年に設置した「馬山《マサン》輸出加工区」をはじめ、工業化の実現に向かう時代のSEZには成功した例が少なくない。問題はやはり、工業化が実現し、経済発展を遂げた状況でなお、外資を求めようとする姿勢にあるといっていいだろう。

韓国で拡《ひろ》がる医療格差

ここまで述べてきたように目標達成とはほど遠い韓国の経済自由区域だが、その後に発効した米韓FTAと併せて、第二章で述べたような「格差の拡大」は、すでに韓国社会全体を大きく揺るがし始めている。まず、医療格差について検証してみよう。

米韓FTA発効から半年後の二〇一二年一〇月、韓国保健福祉部は「経済自由区域内の外国医療機関の開設許可手続などに関する規則」を作成し、外国病院の開設許可基準を盛り込んだ施行規則案を公布した。その内容は、①外国で設立・運営されている医療機関との協力があること、②外国の免許を所持した医師が一定の割合で勤務していることを条件に、経済自由区域内で外国資本病院（＝保険外診療）を認めるというものだ。

日本で現在、議論されている内容が、韓国ではいちはやく法制化されていたことになる。

日本の公的健康保険に比べると制限が厳しく、適用される医療の範囲がかぎられるが、韓国も日本同様、国民皆保険の国である。

いうまでもなく、この政策は国内の医療制度や技術の二重化、すなわち格差を生むものだ。保健福祉部は「経済自由区域内の外国医療機関は、区域内に住む外国人用の医療サービスとして設立されるものであり、区域外での適用は認めない」と説明しているが、いっぽうで韓国政府は当時、全国に六区域あった経済自由区域を一二カ所に倍増する方針を打ち出している。これは保険診療と保険外診療という「医療のダブルスタンダード」を拡大していくことを意味し、事実、翌二〇一三年に東海岸圏、忠北の二区域が新たに経済自由区域内に指定されたのである。

さらに、韓国政府は国内の民間医療機関による経済自由区域内での混合診療を認める方針も打ち出した。これに名乗りを上げたのが、韓国最大の財閥であるサムスングループと、ソウル大学病院である。

サムスングループは、中核企業であるサムスン電子が二〇一四年の売り上げ高で韓国GDPの一四パーセント、二〇一五年七月の株式時価総額は韓国株式市場の一四・三パーセントを占める巨大財閥だが、グループ内に「サムスン医療院」という組織がある。「サムスン・ソウル病院」「江北サムスン病院」「サムスン昌原病院」という三つの病院、さらに「サムスン生命科学研究所」などがサムスン医療院の傘下にあるが、サムスングループはこの組織を通じて医療機器や医薬の開発といった分野に積極的に進出していく方針を打ち出してきた。「サムスン・ソウル病院」は韓国五大病院のひとつに数えられ、約一二〇〇名の医師が働く巨大病院だが、ここでは混合診療が始まっているのだ。

保健福祉部は「経済自由区域内に住む外国人用の医療サービス」と説明してきたが、実際に混合診療が始まってみると、訪れる患者の多くは韓国人の富裕層という実態も明らかになった。韓国社会で確実に医療格差が拡がっていると見ていいだろう。

教育の現場でISDS条項に基づき訴訟が起こる可能性

また、教育においても同様の現象が起きている。二〇一二年三月、仁川市の松島《ソンド》国際都市に「ニューヨーク州立大学韓国キャンパス」が開校されたのを皮切りに、二〇一四年にはジョージ・メイソン大学、ユタ大学（以上、米国）、ゲント大学（ベルギー）もそれぞれ韓国校を開校している。

いずれも「留学するより安い」といった触れ込みで学生を集めているが、それでも韓国の大学に比べれば学費は高額だ。韓国の名門私立大学である延世大学や高麗《こうらい》大学の年間授業料が日本円にして八二万〜八五万円、国立のソウル大学は六〇万円であるのに対し、ユタ大学韓国校は約二万ドル（約二四〇万円）である。ここでも、混合診療と同じように「富裕層だけが通う」といった格差が生まれるはずだ。

これらの〝外資系大学〟を誘致するにあたって韓国政府は、設立の際の支援金を出すことを約束している。また、決算上の剰余金の一部を本国に送金できるように法令も改正している。どう考えても、韓国社会全体のための特区政策とは思えない。

さらに、こういった医療・教育などの分野でもＩＳＤＳ条項に基づき訴訟が起こる可能性があることを忘れてはならない。韓国には日本と同様、私学助成金制度があるが、韓国の文部科学省（教育部）の管轄外にある〝外資系大学〟には適用されない。しかし、このことによって〝外資系大学〟が「不利益を被った」としてＩＳＤＳ条項に基づき訴訟を起こすことは不可能ではないのだ。

特に、国内に向けた助成金制度は、外資にとっては格好のクレーム対象となる。韓国では二〇一三年七月から「低炭素車協力金制度」を導入することが決定されていた。二酸化炭素の排出量削減を目的に、排気量二〇〇〇cc未満の自動車を購入すると最大三〇〇万ウォン（約三〇万円）の補助金が交付され、逆に二〇〇〇cc以上の自動車を購入した場合には最大三〇〇万ウォンの負担金を科するというもので、日本の「エコカー減税制度」を一歩進めたものといっていいだろう。

この低炭素車協力金制度の導入が突如、二〇一五年まで延期されることになった。理由は、米国の大手自動車メーカーで作る米国自動車政策会議が「同制度は米韓ＦＴＡで交わしたＴＢＴ協定（Agreement on Technical Barriers to Trade＝貿易の技術的障害に関する協定）に違反する可能性がある」という意見書を韓国政府に提出したからだ。

排気量二〇〇〇cc以上の自動車製造が大半を占める米国自動車産業にとって、低炭素車協力金制度は邪魔な存在だ。米国からの圧力によって、公共政策の策定という韓国の主権が侵害されたことは間違いない（この低炭素車協力金制度の導入は、さらに二〇二〇年まで延期されることになった）。

同じ事態が日本のエコカー減税制度、さらに教育の現場で私学助成金制度などに及ぶ日は、目前まで迫っているといっていいだろう。

カジノ解禁と観光収入

日本でも「カジノ解禁」は観光産業振興の目玉として注目を集めている。治安面・倫理面での問題はすでに指摘したが、経済面でも大きな効果は生まないと考えられる。一九六八年、外貨獲得を目的にソウル市の郊外で「パラダイスカジノ・ウォーカーヒル」が開業し、現在では全国で一七カ所のカジノが営業している韓国のケースを見てみたい。ちなみに「パラダイスカジノ・ウォーカーヒル」は韓国人が遊戯することのできない〝外国人専用カジノ〟(外国に永住権を持つ韓国人は入場可能)だが、その後、二〇〇〇年には江原《カンウォン》に一般韓国人も遊戯できるカジノ「江原ランド」が開業している。

前述した経済自由区域にも指定されている仁川市に二〇一七年、日本の大手ゲーム・パチンコ機器メーカー「セガサミーホールディングス」と、ウォーカーヒルでカジノを運営する「パラダイス」の合弁によるカジノやホテルなどを併設した統合型リゾート施設がオープンする。この計画にはそもそも、仁川市の財政難という事情があったのだが、すでに多くの問題点が指摘されている。

韓国の日刊紙「ハンギョレ」（日本語版、二〇一四年九月三日）の記事によると、仁川市のカジノ計画を推し進める仁川経済自由区域庁のイ・スンジュ投資誘致本部長は、次のように語っている。

「国際的に統合リゾートのカジノの形態が登場し、いままでの〝ギャンブル〟という概念から〝余暇と業務〟という概念に変わった。シンガポールの統合リゾート開設により観光産業が息を吹き返し、景気が回復した」

また「永宗島《ヨンジョン》に三つカジノ統合リゾートを投資した場合、五万七〇〇〇人の雇用が生まれ、一〇兆ウォン（約一兆円）の経済効果が予想される」とも語っている。

しかしこれに対し、仁川経済正義実践市民連合のチョ・ヒョングン文化観光委員長は、次のように指摘する。

「二〇一三年の外国人専用カジノの売り上げ一兆三六八五億ウォン（約一三六八億五〇〇〇万円）のうち一八・六パーセントに当たる二五五〇億ウォン（約二五五億円）が租税及び基金として充当されるが、そのうち地方税は一二八億ウォン（約一二億八〇〇〇万円）に過ぎなかった。外国人専用カジノの増加による実質的な恩恵は中央政府が大部分を持っていくので、仁川市の財政難解消にはつながらない」

そして、これに続けてチョ委員長が語った内容は、さらに興味深い。

「韓国を訪れる一般観光の外国人は、ひとりあたり一三七万八〇〇〇ウォン（約一三万七八〇〇〇円）使うが、カジノに来た外国人観光客が使う額は四六万一〇〇〇ウォン（約四万六一〇〇〇円）に過ぎない」

二〇一三年にカジノでの遊戯を目的に韓国を訪れた外国人観光客は、全体（一二一七万五五五〇人）の二二・二パーセント（二七〇万七三二五人）で、カジノ産業を通じた外貨収益は、観光産業全体の収益（一四三億三〇〇万ドル）の八・七パーセント（一二億五〇〇〇万ドル）に過ぎないのである。

つまり、カジノの解禁は、観光産業の増収計画において大したプラスにはならないということである。むしろ今後、日本がカジノを解禁すれば、前述のように風紀や治安の悪化が懸念され、観光産業全体としてはマイナスの要因として働くこともあると考えるべきだろう。

金融の自由化を掲げた上海《シャンハイ》「自由貿易試験区」

外資の誘致という目標を達成できずにいるSEZは、韓国の経済自由区域だけではない。一九七九年から設置した経済特区で大きな成功を収めた中国も、飛躍的な経済成長を遂げ、二〇一〇年にGDPで日本を抜いて世界第二位の経済大国となって以降、二〇一三年九月に設置した上海市の「自由貿易試験区」では、思ったほどの外資を誘致できずにいる。

この自由貿易試験区で実施されている主な政策（規制緩和）は、①「サービス業の開放拡大」、②「外資系企業の設立手続きなどの簡素化」、③「金融の自由化」の三点である。つまり中国は、一九七九年から設置した経済特区をはじめ、これまでは主に製造業の分野での外資誘致をおこなってきたが、その範囲を拡げていこうというのだ。

①でいう「サービス業」とは金融・貿易・文化など、六分野・一八業種を指している。②は、これまで中国では外資系企業を設立する際に認可手続きが必要だったものを、「ネガティブリスト」に記載のない一般分野の企業であれば、届出だけで済むようにするという内容。ネガティブリストというのは中国政府が外国からの投資を制限する分野のことで、出版、報道、インターネットコンテンツ、映画、競売、弁護士などの業種が含まれる。そして③は、①で示した開放拡大を進める分野・業種のなかでも特に金融の自由化に力を入れる姿勢を表すものといえる。

上海自由貿易試験区は、敷地面積二八・七八平方キロメートルという規模で設置され（二〇一五年四月に一二〇・七二平方キロメートルに拡大）、ドック・格納庫などを備える。設置当初、中国国内ではかつての経済特区と同等以上の成功を期待する声が高まったが、設置から一年後の状況を「ウォール・ストリート・ジャーナル」日本版は次のように伝えている。

「中国経済の刷新に向けた画期的な取り組みとうたわれている『上海自由貿易試験区』は開設から丸1年を迎えたが、抜本的な改革はほとんど実現していない」(二〇一四年九月二九日)

「金融の自由化」を謳《うた》って設置したものの、試験区内で賑《にぎ》わっているのはベトナム産のエビやモザンビーク産の冷凍ロブスターなど海外から輸入される安価な海産物の売り場ぐらいだという。また同紙は、コーネル大学教授で中国経済が専門のエスワー・プラサドの次のようなコメントも紹介している。

「上海自由貿易試験区では、ほんのわずかな進展しか見られない。中国では市場主導型の金融システムへの移行を目指す改革の歩みが段階的にしか進まないという低い基準で見ても、そう言えよう」(同前)

二〇一四年三月、中国人民銀行は試験区内で外貨建て預金の金利上限を撤廃したが、こういった措置は試験区構想のなかで謳われていた「野心的な金融改革」からすれば〝お茶を濁した〟程度に過ぎないというのだ。たしかに、試験区の設置当初にはデリバティブ（金融派生商品）や外国企業株を取り引きできる市場を創設する案もあったが、実現にはいたっていない。

期待を込めた「ネガティブリスト削減」の効果

二〇一四年九月には、上海自由貿易試験区管理委員会の常務副主任を務めていた戴海波が更迭される事態も起きた。こういった厳しい現実を打開するためか、あるいは覆い隠すためか、中国は二〇一五年四月、自由貿易試験区をさらに天津《てんしん》市・広東《カントン》省・福建省にも設置している。

また、上海市の自由貿易試験区が期待通りに機能しない要因のひとつと見られていたネガティブリストについては、二〇一三年の一九〇項目から一年後には一三九項目に減らしたものを、さらに一二二項目まで減らすことが併せて発表された。

具体的には、ネガティブリストが一三九項目に減らされた時点で、金融会社、インターネットカフェ、鉄道貨物などの業種での海外からの投資障壁を撤廃している。そもそも「金融の自由化」を掲げながら金融会社への外資の参入を制限していたのだから、中国政府がなにを考えて自由貿易試験区を設置したのか（この点については日本の国家戦略特区も同様だが）、理解に苦しむ。

しかし、ネガティブリストの項目を減らすことで規制緩和の枠を拡大してもなお、外資の誘致は思うように進んでいないのが現状だ。たしかに、銀行業への外資参入を制限しながらも中国政府は、米国のシティバンク傘下のシティバンク・チャイナが上海の試験区に支店を開設することを認可している。また、シンガポールに本社を置くDBS銀行や日本の三菱東京UFJ銀行も支店・出張所を開設した。しかし、上海市の自由貿易試験区には二〇一四年九月までに一万二二六六社が入居したといわれているが、そのうち外資系企業は一六六七社で一割強に過ぎない。

しかも、ここでいわれている外資系企業には、中国人資本家が香港の子会社を介して経営する企業が多数含まれると見られている。つまり、純粋な意味での「外資」とはいえない企業が多いのだ。そして、入居したといわれる一万二二六六社のうち、実際に業務をおこなっているのは一割程度と見られている。残りの九割は、会社の登記を済ませたというだけなのである。

おそらく中国政府は、かつて成功した経済特区を「業種を変えてやってみよう」という程度の考えで自由貿易試験区を設置したのではないか。そういった〝ヴィジョンの曖昧《あいまい》さ〟は、「金融の自由化」を掲げながら銀行・金融といった業種をネガティブリストに加えていた点にも表れている。また、マイクロソフトやソニーなどゲーム機の製造・販売を手掛ける企業も進出してはいるが、ゲームソフトは検閲当局の審査を受けないと売ることができない。

中国の「国民ひとりあたりのＧＤＰ」は、二〇一四年のデータで七五八九ドル（世界八〇位）だが、上海市にかぎって見れば約二倍の一万四五五一ドル（二〇一三年、ＩＭＦ発表）にもなる。これは二〇一四年のランキングに当てはめれば五一位のチリ（一万四四八〇ドル）に匹敵する額で、かつての経済特区を成功に導いた「安い労働力」をいまの上海で期待するのは難しい。

結局、中途半端なレベルの規制緩和では、いまや世界経済の中心地といってもいい中国であっても外資を誘致することは容易ではないのである。この事実は、国家戦略特区の行く末を考える上で、大きな示唆を含んでいるはずだ。

なぜ、カンボジアでは成功したのか

ここまで、韓国・中国という、すでに途上国とは呼べない経済レベルに達した国に設置されたSEZの実状を見てきた。また、本書では「SEZは本来、途上国が工業化に向かう際に効果を発揮する」ということを繰り返し述べてきた。ここで、途上国であるカンボジアに設置されているSEZを検証したい。

二〇一四年のGDPランキングで、カンボジアは世界一八八カ国中一一五位（一六五億五〇〇〇万ドル）に位置している。一九七〇～一九八〇年代の内戦、ポル・ポト政権による大量虐殺、ベトナムによる軍事介入などで政治は混迷を続け、経済は疲弊し切った。一九九一年にパリ和平協定が締結されて以降、政治は安定に向かっているが、現在もASEA

N（東南アジア諸国連合）加盟国のなかではラオスに次ぐ経済的弱小国である。

カンボジアの経済成長率は、一九九一年以降、五〜八パーセント程度の伸び率を示してきた。また、二〇〇四〜二〇〇七年には毎年一〇パーセントを超える経済成長を遂げたが、二〇〇九年には〇・〇九パーセントと大きく落ち込んでいる。これには、同国の経済成長が主にコメを中心とした農産物の輸出に依存していることの影響が考えられる。

カンボジアは、二〇一二年にUSDA（米国農務省）が作成した統計によれば、世界八位の精米輸出量を誇る〝コメ大国〟だ。しかし第二章で述べた通り、農業から発生する利益は天候に大きく左右される。二〇一〇年、フン・セン首相は「二〇〇九年に一・三万トンだった精米輸出量を、二〇一五年までに一〇〇万トンに増やす」という野心的なコメ輸出新政策（ライス・ポリシー）を掲げたが、そもそも精米される以前のコメの輸出量は二〇一〇／二〇一一年と二〇一四／二〇一五年の比較で三〇パーセント弱の伸びにとどまっている。

カンボジアにとって、工業化によって安定した経済成長を実現することは急務といえる課題だろう。このような国で、SEZはどのように機能しているのだろうか。

カンボジアにおけるSEZは、二〇〇五年一二月に法制が整えられ、現在では国内の八区域にSEZが稼働している（SEZとして認可されているのは、これらを含めて三二区域）。八区域の内訳を見ると、首都・プノンペンの国際空港近くに一カ所、タイとの国境付近に二カ所、ベトナムとの国境付近に三カ所、新たに開発したリゾートであり輸出の拠点でもあるシアヌークビル港付近に二カ所である。輸出と観光産業に力点を置いた設置場所の選択であり、SEZ政策のセオリーといっていいだろう。

ここではまず、外資の誘致というSEZ設置の目的の達成度について述べておきたい。カンボジア国内のSEZには、すでに多くの日本企業（二〇一五年一一月時点でカンボジアの日本人商工会正会員に登録しているのは一六二社）が参入しているが、カンボジアが制度として設けるQIP（適確投資プロジェクト）が認可した日本からの投資額は、一九九五〜二〇〇九年までの合計約二億ドルから、二〇一二年には単年で約三億ドルにまで急増している。QIP制度は、前述した中国のネガティブリストと同様、カンボジア政府がSEZに参入する企業の業種を制限するためのものだ。

日本からの投資額だけを見ても、二〇〇五年のSEZ制度導入以降、カンボジアが外資の誘致という目的を達成したことは明らかだろう。その背景にどのような要素があったか、さらに考察していきたい。

ベトナム、タイからカンボジアに移転した外資

SEZが成功するためには、参入する企業にとってメリットのあるインセンティブ・パッケージが揃《そろ》っていなければならない。インフラの整備、法人税・関税の減免などだが、カンボジアはどのような環境を用意したのだろうか。

まず、外資系企業（縫製業・製靴業）で働く労働者の月額最低賃金だが、二〇一六年から一四〇ドル（約一万六八〇〇円）と規定されている。隣国・ベトナムのハノイやホーチミンに設置されているSEZでは、同時期に三五〇万ドン（約一五九ドル＝約一万九〇八〇円）と規定されていることを考えれば、明らかに安い。そして、SEZ内で働く労働者にかかる個人所得税率は、ベトナムが五～三五パーセントであるのに対し、カンボジアでは〇～二〇パーセント。労働者に対しては、賃金の安さを所得税率を低くすることで補っている恰《かっ》好《こう》だ。

また、SEZ内の外資系企業（特定の業種を除く）に対する法人税を比較すると、ベトナムが二〇一〇年の時点で二五パーセントであるのに対し、カンボジアは同時点で二〇パーセントである。どちらも事業開始から数年間の免税期間が設けられているが、企業にとってはカンボジアにより大きな魅力を感じるはずだ。

その結果、どういうことが起こるか。実は、カンボジアに進出した外資系企業には、日本企業も含めて、ベトナムやタイのSEZから移転したケースが多く見られるのだ。

ベトナムやタイは、工業化という点で東南アジアにおける先発国といえる。かつてはSEZに多くの外資系企業が進出し、工業化を進めることに成功してきた。しかし、工業化に成功すれば労働者の賃金は上昇する。後発国であるカンボジアが、より魅力的なインセンティブ・パッケージを用意したSEZを設置すると、企業はそちらのほうに移転してしまったのである。

結局、ベトナムは二〇一四年から法人税を二二パーセントに引き下げざるを得なくなった（二〇一六年からはさらに二〇パーセントに引き下げ）。また、タイでも二〇一二年の二三パーセントから二〇一三年には二〇パーセントに引き下げられた。

ベトナムやタイとカンボジアの比較でも、このようなことが起きるのだ。そしてカンボジアのSEZも今後は、二〇一五年一一月の選挙でアウン・サン・スー・チーが率いるNLD（National League for Democracy＝国民民主連盟）が勝利して民主化の加速が予想されるミャンマーに外資を奪われる可能性がある。ミャンマーは、二〇一五年九月に日本との共同開発による初のSEZが稼働を始めたばかりだ。

日本が共同開発したミャンマーのSEZ

ミャンマー初となるSEZで部分開業したティラワ工業団地には、すでに四七社の外資系企業が進出しているが、その半分以上が日本の企業である。そのうちの一社、フォスター電機（本社・東京都昭島市）は、すでに進出している中国で人件費の高騰が続いていることを背景に、ミャンマーへの生産拠点の移管を考えているという。ミャンマーの人件費は中国の約五分の一、ベトナムの約半分という安さだ。

ASEANでは二〇一五年内の経済統合も予定され、二〇一八年には域内の関税も撤廃される見込みだ。ベトナムやタイ、中国といった工業化の先発国からミャンマーに移転する外資は、今後さらに増えることが予想される。

また二〇一五年七月に、日本政府はミャンマーではティラワに続く第二弾のSEZとなるダウェー区域の共同開発参加も決めている。ティラワ工業団地に進出した日本企業は、フォスター電機のほかに製紙メーカーの王子ホールディングス、下着メーカーのワコールホールディングス、即席麺《めん》メーカーのエースコックなどが挙げられるが、ダウェー区域にも多くの日本企業が進出するだろう。

外資が賃金レベルの低い、より開発途上の国へと流れていくことは否めない。それに対し、日本は海外でSEZの共同開発までおこない、多くの日本企業が外資として海外のSEZに参入している。正真正銘の先進国といってよく、人件費も世界最高水準の高さだ。その国に設置された国家戦略特区に企業はどのような魅力を感じるのか、疑問というほかはない。

第四章　「国家戦略特区」は日本の破滅を招く

どこまで本気なのか

ここまで、国家戦略特区構想そのものの問題、またＴＰＰとの連動でどういった問題が起こるかを、韓国などの例を見ながら考えてきた。

なぜ、やるのか。合理的な理由が見えない。また、やったとしても、少なくとも国民にメリットはない……ということが見えてきたはずだ。問題点はまだある。この章ではまず、そこを指摘しておきたい。

国家戦略特区・東京圏の四カ所の医療機関で、外国人医師が患者の国籍を問わず診察できる特例（日本人患者の診察も可能）が認められたことは第二章で述べたが、先日、このうちのある病院で監事を務めている人物と話す機会があった。私が、彼の病院が国家戦略特区構想にいちはやく反応したことに触れると、次のような言葉が返ってきた。

「そうなんですが……。こっちは当然、病院経営を長期的ヴィジョンで考えた上で名乗りを挙げたのに、国は本当にやる気があるんでしょうか」

こういった声は、国家戦略特区構想の周辺のあちらこちらから聞こえてくる。国は、美辞麗句を並べた構想だけは打ち出しておいて、そこに参入しようという事業主体への実務的対応にはまるでスピード感や本気度が感じられないというのだ。これは、どういうことなのか？

あらかじめ用意された規制緩和メニューに沿って提出された事業主体からの提案は、まず国家戦略特区の各区域に設置された国家戦略特別区域会議で受理されるが、東京圏の場合は東京都、神奈川県、千葉県成田市、千葉市がそこに含まれるため実務的対応に手間取っている可能性が考えられる。では、新潟市のように区域が複数の自治体にまたがっていなければ、スピード感のある対応が可能なのだろうか。答えはノーだ。

私は、新潟市でも多くの関係者から国家戦略特区に関する意見を聞いたが、彼らが口を揃《そろ》えていったのが「自治体や区域会議からの説明が乏しく、国家戦略特区でなにをやるのかが不明瞭《ふめいりょう》」という現状だ。「民間企業や個人が真の実力を発揮できる社会へ」というのが国家戦略特区構想を含めたアベノミクス・第三の矢のテーマであるはずだが、現場の対応は、民間の活力を引き出すものとはなっていないのだ。

また国家戦略特区構想のヴィジョンの曖昧《あいまい》さも、現場でのスピード感の欠如につながっている。「いったい、なんのために？」という根本的な問題点は、この本で繰り返し述べてきたが、そこがクリアされないかぎり、各区域で上がってくる事業提案への対応で現場のモチベーションが上がることはないだろう。

安倍政権は、日本を「世界で一番ビジネスがしやすい環境」にして、外資を誘致したいと考えている。しかし、そもそも国家戦略特区が用意している外資系企業に対する優遇措置は、カンボジアやミャンマーのＳＥＺ（特別経済区）が用意している内容を上回るものではない。したがって、もし外資系企業が国家戦略特区に参入するとしても、それはアジア第二の拠点、つまりセカンド・チョイスという位置づけに限定されるはずだ。「外資の誘致」というヴィジョンに現実性が感じられないのも当然といえるだろう。

つまり「まず、『岩盤規制』の緩和ありき」という発想なのだ。安倍政権にとって規制緩和したい、「岩盤規制」と呼ぶ分野がまずあり、それを打ち壊すために国家戦略特区構想がある。これが実態ではないだろうか。

要するに「規制緩和のための規制緩和」。これで日本の経済発展・日本再興というテーマが達成できるとしたら、それは偶然の産物といっていいはずだ。

誰《だれ》が責任を取るのか

各区域に設けられた区域会議で受理された事業提案は、そこで事業主体の登記確認など簡単な審査を済ませると、国家戦略特別区域諮問会議に上げられる。そして、この会議のワーキンググループによってヒアリングがおこなわれ、最終的な区域計画策定へとつながっていく。

この諮問会議の設置根拠となるのが国家戦略特別区域法（二〇一三年制定、二〇一五年改正）だが、その第三三条は諮問会議を構成する「議員」について次のように定めている。

一　内閣官房長官
二　国家戦略特別区域担当大臣
三　前二号に掲げる者のほか、国務大臣のうちから、内閣総理大臣が指定する者
四　経済社会の構造改革の推進による産業の国際競争力の強化又は国際的な経済活動の拠点の形成に関し優れた識見を有する者のうちから、内閣総理大臣が任命する者

第二項で、議長（内閣総理大臣）が必要と認めるときには、前項一〜三の国務大臣とはべつの国務大臣を議案をかぎって参加させることができるとしている。逆にいえば、国務大臣は一、二のふたりだけでも可ということになる。

第一章で小泉政権下で設置された構造改革特区との最大の違いをボトムアップ型か、トップダウン型かという点に絞って述べたが、もうひとつ大きな違いがあったことになる。構造改革特区では、その推進本部に内閣総理大臣、内閣官房長官、構造改革特区担当大臣、経済財政政策担当大臣、規制改革担当大臣、ほかのすべての閣僚、内閣官房副長官、内閣総理大臣補佐官兼内閣府副大臣を入れることが規定されていたのである。ボトムアップ型である構造改革特区のほうが、トップダウン型の国家戦略特区よりも、プロジェクトを設計・推進するトップには〝トップらしい陣容〟が揃っていたということだ。

さらに、国家戦略特区の諮問会議で、制度設計などの検討をおこなう中核となるワーキンググループの委員（二〇一五年現在）を見てみたい。

秋山咲恵（株式会社サキコーポレーション代表取締役社長）
阿曽沼元博（医療法人社団滉志会瀬田クリニックグループ代表）
工藤和美（シーラカンスK&H株式会社代表取締役、東洋大学理工学部建築学科教授）
坂村健（東京大学大学院情報学環・学際情報学府教授）
鈴木亘（学習院大学経済学部経済学科教授）
八田達夫（アジア成長研究所所長、大阪大学社会経済研究所招聘《しょうへい》教授）
原英史（株式会社政策工房代表取締役社長）
本間正義（東京大学大学院農学生命科学研究科教授）
八代尚宏（国際基督教大学教養学部客員教授、昭和女子大学グローバルビジネス学部特命教授）

全員が、民間人である。民間の意見を取り入れることが悪いわけではない。しかし、この国民から選挙で選ばれたわけでもないワーキンググループが中心となり、しかも例えば労働法制の改正などを伴う規制緩和メニューを検討する際にも厚生労働大臣の参加もないような形で、プロジェクトが進められる。そして、そこで決まった案件はそのまま国家戦略特別区域諮問会議で承認され、トップダウン型で推し進められる。とても民主的な運営とは呼ぶことのできないものだ。

第一次安倍政権は「おともだち内閣」と呼ばれたが、第二次安倍政権で選定されたワーキンググループの委員にも、その傾向が反映されているのかもしれない。そもそも「国家戦略」というタイトルが冠されたプロジェクトの設計・推進役をすべて民間人に委託した（それも新自由主義路線なのだろうが）、もし最終的に頓挫《とんざ》して経済的・社会的損失が生じた場合、どうするのか。国民が選挙によって国家権力の運用（行政）を付託した国会議員が進めたのなら、言い訳も可能だろう。しかし、民間人に「国家戦略」を任せて失敗したとき、その責任は誰が取るのか。

「有識者等からの『集中ヒアリング』」の怪

さらに、このワーキンググループによって開かれるヒアリングで区域計画の具体的な決定に向かうことになるが、そのヒアリングがどのようなものか、現状を見てみたい。

二〇一三年七月の五、八、一七、一九日に「有識者等からの『集中ヒアリング』」がおこなわれたが、その詳細を調べると、驚くべき事実に突き当たる。

まず第一の驚きは、このヒアリングでは合計一三四件の規制・制度改革についての提案が対象となったが、そのうちの四二件（ほかの者と内容が重複する提案も含む）がひとりの人物から上がっていた点だ。ロバート・フェルドマン。モルガン・スタンレーMUFG証券のチーフ・エコノミストで、日本のニュース情報番組にもコメンテーターとして頻繁に出演している。いつも蝶《ちょう》ネクタイをした痩身《そうしん》の白人男性といえば、その姿を思い浮かべる人も多いのではないか。

国家戦略特区構想の目的が「外資の誘致」にあるというのなら、その外資の側から要望を聞くことも意味があることかもしれない。しかし、このヒアリングでは合計二五の「有識者等」が発言・提案をおこなったが、そこで上げられた一三四件のうち約三分の一に相当する四二件がひとりの外資系エコノミストからのものだったことは驚きに値する。

加えて、前掲の『沈みゆく大国 アメリカ』が指摘する通り、フェルドマンは例えば医療制度改革について「国民の基本負担を六割、喫煙者は七割に引き上げることや、日本の診療報酬をアメリカと統一した疾患分類によって決定することなど、日本の医療制度をアメリカ式に変えてゆく内容」（前掲書）を提言している。外資の側の要望といっても米国の意向が色濃いことに注意すべきだ（「特区」を巡る米国からの圧力については後述する）。

さらに、ワーキンググループを構成する委員たち自身からも集中ヒアリングで規制・制度改革についての提案が上げられていたことを、第二の驚きとして明らかにしておきたい。ワーキンググループの委員である阿曽沼元博、八代尚宏、本間正義が規制・制度改革についての提案をおこなっているのである。

阿曽沼は「ＡＳＥＡＮ諸国等への医学教育及び医療制度の輸出」「外国医師による外国人向け医療の充実（特区内医療機関所属外国医師による全国往診可能化）」などを提案している。また、八代は「立体道路（道路と建物の一体的建設）の拡大」などを、本間も「農地情報（地代、農地価格等）の開示、データベース化」などを提案している。

提案を吟味・審査する立場であるワーキンググループの委員が、自ら提案をおこなって、はたして公正な審査がおこなわれるのだろうか。おそらく、実際に提案をおこなった前記三委員は「当該の案件を審査する際には、審査に加わらない」というだろうが、このような体制が批判の対象となることは避けられないはずだ。明確に、非民主主義的な意思決定過程だといえる。

なぜ、このような体制で国家戦略特区構想を進めようとしているのか。疑問という言葉は、疑いを持つ対象がピンポイントで明確な際に用いる言葉だが、この場合には全体の枠組みそのものに考えられないような問題が存在する。疑問を投げかける以前に、ただ唖然《あぜん》とするばかりである。

日本経済全体の方向性の誤り

国家戦略特区構想で進められる「農業の大規模化」については第二章でも触れたが、ここではさらに広い視野で、農業政策から透けて見える日本経済全体に共通する「方向性の誤り」について述べておきたい。

たしかに、現状の日本の農業に問題がないとはいわない。過保護であるという意見にもある程度納得できる部分がある。しかし、それらの問題を大規模化によって解決しようというのは大きな間違いである。そして、大量生産によるコストダウン・効率化にこだわり続けるのは、農業だけでなく、日本の産業全般に共通して見られる誤りといっていい。

　例えば日本製の家電製品は、高度成長期には「安い」「壊れにくい」という評価を確立して世界中に輸出され、多大な利益を生んだ。しかし韓国製、さらには中国製の商品が台頭して以降は、業績が停滞している。輸出が伸び悩む理由を円高に求め、アベノミクスの第一の矢「大胆な金融政策」によって、第二次安倍政権が発足する直前の二〇一二年一〇月には一ドル七〇円台で推移していた円相場を一二〇円前後まで引き下げたが、それでも家電業界の業績に大きな改善は見られない。大手家電メーカー・シャープは現在、重大な経営危機に瀕《ひん》しているほどだ。粉飾決算が露見した東芝も二〇一六年三月期に五〇〇〇億円を超える赤字が見込まれている。

　要は円安に誘導したところで、中国製商品と価格競争をしても、勝ち目はないのだ。必要なのは、ビジネスモデルの抜本的な転換だ。大量生産モデルに固執することをやめ、価格で勝負するのではなく「ブランド力」を高める努力が、いまの日本には必要なはずだ。

例えば、コーヒーが大好きで自宅でも楽しみたいという人は、価格は高くてもイタリア製のエスプレッソ・マシーンを購入する。アップル社のパソコンも同様に、ブランド力で市場に訴え、ユーザーから高い支持を得ている。それが、工業化に成功し、経済的に成熟の域に達した国の産業のあるべき姿ではないだろうか。

こういった産業構造・ビジネスモデルの方向性の誤りは、そもそも日本が人口減少の局面に入ってもまだＧＤＰの数字にこだわり続けているところに原因があるのではないだろうか。ご承知のように日本のＧＤＰは一九六八年に当時の西ドイツを抜いて世界二位となり、二〇一〇年に中国に抜かれたが、それでも三位の位置にある。しかし、二〇一四年の「国民ひとりあたりのＧＤＰ」ランキングでは二七位で、前年の二五位から二ランク下げ、香港とイスラエルに抜かれている。そして、このランキングで上位に入っているのは一位ルクセンブルク、二位ノルウェーなどの「成熟国」である。

私は「日本の経済は若作りし過ぎである」と、つねづね考えてきた。日本の経済を人間の年齢にたとえれば、間違いなく〝熟年〟の域に達しているはずだ。高度成長期が二〇代、三〇代の〝働き盛り〟だったとすれば、その後にバブル景気とその崩壊による「失われた二〇年」を経た現在は、本来ならばルクセンブルクやノルウェーのような量よりも質にこだわる〝おとなの国〟になっていなければいけない。

そういった〝おとなの国〟が、はたして「世界で一番ビジネスがしやすい環境」を目指すだろうか。目指すのは「国民ひとりひとりの豊かさ」でなければならない。そして、このふたつのテーマは、完全に相反するものだ。私には、国家戦略特区構想は高度成長期の大量生産モデルに固執する日本が、経済の成熟を目指す代わりに誤って選んだ「若返り」のためのドーピングのように思えてならない。

日本の農業に迫る、もうひとつの危険

そう考えれば、むしろ日本の農業は現在、家電業界などよりも先進的に成熟国のモデルを実現しつつあるという見方もできるはずだ。

『奇跡のリンゴ』という映画をご存知だろうか（二〇一三年公開）。〝絶対に不可能〟といわれた無農薬・無施肥のリンゴ栽培に世界ではじめて成功した青森県の農家の男性を描いた作品で、このリンゴは現在、実際に流通している。

また、トマトも高価だが糖度が高い作物が近年、栽培されるようになり流通している。

そして、こういった日本の〝ブランド農作物〟は、富裕層が安全な日本産農作物を求める

傾向が強い中国を中心に海外でも高い支持を得ている。事実、二〇一五年（一～一一月）の日本産の農林水産物・食品の輸出額は、前年同期比で二二パーセント増加し、過去最高の六六九〇億円を記録している。日本の耕地面積が五四年連続で減少し続けていることを考えれば、非大量生産モデルの実践によって勝ち得た数字といっていい。

まさに、日本の産業界がやらなければいけない産業モデルの転換、その先のモデルが農業界では実践され始めているのだ。それを強引な大規模化によって異なる方向へ導くのは、決して賢明な政策とはいえない。

また、新潟市や養父《やぶ》市などといった「農業特区」については、もうひとつの懸念もある。新潟市で実践される規制緩和のテーマは、①農地の集積・集約、企業参入の拡大などによる経営基盤の強化、②六次産業化および付加価値の高い食品開発、③新たな技術を活用した革新的農業の展開、④農産物および食品の輸出促進、⑤農業ベンチャーの創業支援、である。

⑤の「農業ベンチャーの創業支援」には当然、外資系企業も含まれるが、安倍政権が想定しているのは米国あるいはヨーロッパ系の企業だろう。しかし、中国で日本産のブラン

ド農作物の人気が高いことを考えれば、特区に中国系企業が参入してくる可能性は大いにある。

新潟市で安全で高品質の農作物を栽培して、中国国内の富裕層をターゲットに輸出する。しかも、その農業事業をおこなうのは自国の企業であり、日本政府によって関税や法人税の減免といった優遇措置まで受けられるのだ。自国内では、もはや安全な農作物を作るのは不可能ともいわれる中国にとって、これほど〝オイシイ話〟はないだろう。

この「予期せぬ中国系企業の参入」は、東京圏・関西圏など都市部の国家戦略特区でも起こり得る。安倍政権は欧米系企業の参入を想定して規制緩和のメニューを考え、優遇措置を用意して特区政策を進めたものの、参入してくるのは中国系企業ばかりとなる可能性があるのだ。もちろん、欧米系は歓迎し、中国系は拒否するなどということは許されない。中国系企業が優遇措置を利用して土地を購入し、日本全土から人材・物資・資本を集中させようと考えている中枢部を彼らに占拠されるという皮肉な事態は、決して非現実的な話ではない。

「農業特区」で外国人観光客が激減する

国家戦略特区構想における農業政策と中国との関係でいえば、さらなる懸念もある。

ＪＮＴＯ（日本政府観光局）は、二〇一四年に日本を訪れた外国人観光客が過去最多の約一三四〇万人に上ったことを発表している。なかでも中国人観光客は、前年比八三パーセント強の増加であったという。「爆買い」という流行語も生まれたほどだが、外国人観光客が日本に及ぼす経済効果は大きく、約二兆円（うち中国人観光客は約五五八三億円）という試算もある。

しかし、国家戦略特区構想は、観光目的で日本を訪れる外国人の足を遠ざけてしまう負の効果を秘めているのだ。

「農業の大規模化」が実現されれば、前項で述べたような、すでに海外（特に中国）で価値が認知され始めている日本の〝ブランド農作物〟は打撃を被る可能性が高い。安全・安心、高価だが品質も高いという日本の農作物が日本の市場に出回らなくなれば、どういうことが起きるか。

二〇一三年一二月、「和食」はユネスコの無形文化遺産に登録されている。そして中国人を含めて日本を訪れる外国人観光客の多くは、この和食を求めてやってくるのである。国家戦略特区構想による農業の大規模化で、そして後述する遺伝子組み替え作物の浸透によって日本の農作物のブランド・イメージが崩れれば、観光収入の面で非常に大きなマイナス要因となるはずだ。

ＴＰＰの拡大協議への参加を決めたとき、政府統一試算としては発効から一〇年後には対ＧＤＰ比で〇・六六パーセント、約三兆二〇〇〇億円の経済効果があると発表している。また、いっぽうでＴＰＰの発効後に日本の農業が被るであろう損失は一兆～六兆円に上るという試算もある。そもそも経済効果に関しては「ＴＰＰ参加交渉からの即時脱退を求める大学教員の会」という民間機関の試算ではマイナス四兆八〇〇〇億円という数字も出ているのだが、どちらにしてもＴＰＰへの参加は、日本の農業が受ける経済的損失を考えれば全体としてマイナスの効果となるはずだ（なお、二〇一五年一二月二四日、日本政府はＴＰＰ協定の経済効果についての新しい試算を発表した。それによると、経済効果は約一三兆六〇〇〇億円と大幅に増えたいっぽう、農林水産物の生産額の減少は一三〇〇億～二一〇〇億円へと大幅に縮小された。この大幅な試算値の変更には、楽観的過ぎるとの批判が早くも出ている）。

これに加えて、前述したように外国人観光客による年間約二兆円という経済効果も減少が予想される。あるいは、新潟の農業特区に中国系企業が参入し、日本産の農作物を中国に向けて大量に輸出するようになれば、そもそも日本に来て安全・安心な和食を食べるという目的が消失してしまうのである。

遺伝子組み換え食品の脅威

外資系企業の参入によって日本の農業が受ける影響については、遺伝子組み換え食品の問題についても触れておく必要がある。

日本では現在、遺伝子組み換え食品に関しては表示義務が課せられている。具体的には、原材料となっている上位三品目について、重量が全体の五パーセントを超える場合に表示義務が生じる。こういった制度は日本だけでなく、基準の差はあるものの世界六四カ国で採用されている。EUの基準は特に厳しく、混入率が全体の〇・九パーセントを超えれば表示の義務が生じる。遺伝子組み換え食品の表示義務は、本物のグローバル・スタンダードといっていいだろう。

ところが、自分たちの流儀を〝グローバル・スタンダード〟と銘打って世界中に押しつけようとしている米国には、現時点ではこういった制度は存在しない（バーモント州では二〇一六年七月から表示を義務化する法律を施行する予定）。そこで、どういうことが起こるか。

二〇一二年に米韓FTAが発効した韓国のケースを検証してみたい。

韓国でも、二〇〇一年から遺伝子組み換え食品の表示義務が食品衛生法などの法律で義務づけられている。また、二〇〇四年八月からは食品衛生法によって安全性審査を義務づけ、未審査品目に関しては輸入および流通を禁じているが、米韓FTAの交渉過程で、これらの規制に対して緩和を求める圧力が米国側から加えられたのだ。

米韓FTAは二〇〇七年四月に締結されているが、それと同時期に「農業生命工学了解書」という合意も交わされている。この合意に関して二〇〇八年五月、韓国の国会で与党・ハンナラ党（現セヌリ党）の議員が次のように指摘している。

「韓米FTAにおいては、韓米両国で交わした『農業生命工学了解書』のなかに盛り込まれている遺伝子組み換え物質に対して、科学的危険性の信じるに足る根拠を米国に納得させることができなければ、韓国は自主的に遺伝子組み換え食品が危険であると評価することはもちろん、輸入も拒否することができない」

米国は「遺伝子組み換え食品が危険だというなら、その科学的根拠を示せ。それができなければ、韓国が法律で遺伝子組み換え食品に表示義務を課すことは認められない」といっているのだ。そして結果は、ハンナラ党の議員が指摘した通り。韓国は「混入率が三パーセントを超えれば表示義務が生じる」としていた規制を大幅に緩和せざるを得なくなる可能性が高いのだ。

生態系の破壊

さらに今後は、表示義務の基準の緩和だけでなく、遺伝子組み換え食品の表示義務を定めた法律そのものを撤廃するよう米国側が求めてくる可能性もある。その根拠となるのは、第三章でも触れた、米韓ＦＴＡ内の「ＴＢＴ協定」（Agreement on Technical Barriers to Trade＝貿易の技術的障害に関する協定）だ。

現に二〇一一年一〇月の米議会で米韓ＦＴＡが承認された際、全米で一一〇〇社を超えるバイオ企業が加盟するＢＩＯ（Biotechnology Industry Organization＝バイオテクノロジー産業協会）は「米韓ＦＴＡが、韓国へのバイオ製品参入の障害を除去し、バイオ産業が韓国市場での競争に勝ち残ることを可能にする」と述べている。つまり「米韓ＦＴＡは、遺伝子組み換え表示義務をＴＢＴ協定に違反するとして撤廃することを大前提としている」という意味に取れる発言である。

同様のことは、ＴＰＰ発効後の日本でも起きる可能性が高い。また、認識しておかなければいけないのは、遺伝子組み換え食品は農作物にかぎらないということだ。

二〇一五年一一月、米国・ＦＤＡ（食品医薬品局）は、遺伝子組み換え鮭《さけ》を食品として販売することを認可した。遺伝子組み換えのトウモロコシなどと同様、この鮭も短期間で成長する。米国のバイオ企業「アクアバウンティ・テクノロジーズ社」がアトランティック・サーモンの遺伝子組み換えによって成長を促進させたもので、たしかに企業としては経済的メリットが高いだろう。しかし、生態系への影響が懸念されるのは当然だ。米国の科学誌「ニュー・サイエンティスト」によれば、この鮭は「性格が非常に獰猛《どうもう》で、環境内に逃げ出せば、生態系に大きな影響が及ぶ」と指摘されている。

アクアバウンティ・テクノロジーズ社は「この鮭は繁殖不能にしてあるので安全に養殖できる。また、魚そのものを販売するのではなく、卵をパナマの養殖場に販売する」といっているが、魚を完全に養殖場に封じ込めることは不可能といっていい。二〇〇三年に日本で茨城県霞ヶ浦を中心に鯉《こい》ヘルペスの被害が大量に発生したが、このときも感染魚を隔離しながらも被害の拡大は防げなかったのである。

生態系への影響は、風が吹けば種子がべつの土地へ飛び、また昆虫などによる受粉の媒介もある農作物の場合は、さらに深刻だ。

米国ミズーリ州に本社を置く世界最大の多国籍バイオ化学企業「モンサント」は、遺伝子組み換え種子の販売で知られているが、自分たちの種子を購入しない農業事業主たちを相手に次々と訴訟を起こしている。

その訴訟とは、モンサントの遺伝子組み換え種子がトラックの積み荷からこぼれたり風で飛んでいくなどして、彼らと契約を結んでいない農地で発芽したものを知的財産権の侵害として訴えるのである。つまり農作物の種子というのは、それぐらい管理が難しいということだが、モンサントはこうした訴訟で次々と勝利し、訴えた農家の土地を自分たちのものにしている。"Natural Society" という環境保護団体は二〇一一年、モンサントを「最悪の企業」に認定している。

短絡的に効率化を求める発想で農業を外資系企業に開放することは、日本を計り知れない危険に晒《さら》す行為だといえる。

国境を越えた投資か、企業内の財の移動か

スーザン・ストレンジ（一九二三〜一九九八年）という英国の国際政治経済学者が、著作『国家の退場——グローバル経済の新しい主役たち』（The Retreat of the State : The Diffusion of Power in the World Economy）のなかで興味深いことを述べている。

この著作は一九九六年に発表され、一九九八年には岩波書店から日本語版（櫻井公人訳）も出版されているが、新自由主義による国家の役割の縮小とグローバル企業の巨大化を指摘したものだ。

国際政治経済学という言葉を耳慣れないものに感じる読者も少なくないと思うが、彼女

の指摘によれば新自由主義の恩恵を受けて巨大化した企業は、すでに国際政治に影響力を行使する存在となっている。その行動を分析するためには、従来の経済学では不十分で、国際政治学の視点を持つことも不可欠だとストレンジは考えたのである。

興味深いのは、次の指摘だ。

「たとえば、一九八〇年代における高い年平均増加率と比べた一九九〇年における海外直接投資成長率の明白な低下は、通常の海外直接投資から、新しい無体の概《おおむ》ね計上されない（そしておそらく計算できない）ライセンシング、合弁企業、フランチャイズといった投資へのシフトをたんに反映したにすぎない可能性がある」（櫻井公人訳、前掲書より）

企業による海外投資の手法が、A国からB国へと実際に資金が行き交う直接投資から、ライセンシング協定、合弁企業、フランチャイズ契約などを通じた新しい形態へのシフトが進んでいるという指摘だ。そのため、一九八〇年代との比較で一九九〇年における直接投資額の伸び率が低下したのだと分析している。

これらの新形態の海外投資では、資本を集めるのは主に投資先のパートナー企業となる。つまり、A国からB国へと投資されるのは財貨ではなく経営ノウハウや技術、ブランドイメージといった〝形のないもの〟となる傾向にあるということだ。

安倍政権による国家戦略特区が、なによりも外資の誘致を最優先で考えていることは第二章で述べた。期待しているのは直接投資によって実際に財貨が日本に入ってくることだろう。しかし、海外投資のトレンドは直接投資から前述したような無形の新形態へとシフトが進んでいる。第二章で「日本に外資は必要か？」と指摘したが、ストレンジの考察を受け入れれば、「日本に海外の経営ノウハウや技術、ブランドイメージが必要か？」という視点からの考察も必要になるだろう。

さらにストレンジは、多国籍企業（彼女はこれを「超国家企業」と呼ぶ）の存在に触れ、次のように述べている。

「一九八〇年代半ばのいずれかの時点で、超国家企業の在外子会社の産出である国際的生産の総計が、ほぼ世界製造業の世界輸出量を上回ったであろうという一般的理解がある。

実際、企業内貿易を除外して二重計算を避けるなら、超国家企業の在外子会社によって販売された財やサービスは、一九九〇年までに世界輸出のほぼ二倍になった。（中略）

ある国から別の国へ移転される財はますます、いかなる意味においても『売られ』たり『買われ』たりされなくなっている。財は単に同一の超国家企業内の異なる子会社の間を、会社経営陣の命令によって移動しているにすぎない」

これが書かれたのは約二〇年前だということを確認しておきたい。ストレンジが看破した状況は今日、ますます顕著になっていると考えるべきである。「経済のグローバル化」という言葉で語られる状況を海外投資という視点で見れば、グローバル化どころか、国内経済よりも狭い範囲内でおこなわれているのだ。海外投資と呼ばれてはいても、実際には多くの場合で同一の多国籍企業内における財の移動に過ぎない。ただし、その多国籍企業の規模が新自由主義によって巨大化しているのである。

多国籍企業と労働力の移動

このように、グローバル経済の実態は、多くの場合で、同一の多国籍企業内の財の移動でしかない。しかし、企業の経済活動が価値を生み出すためには、資本だけでなく労働力が不可欠だ。カール・マルクス（一八一八～一八八三年）は資本主義社会の特徴として「労働力の商品化」を挙げている。また、一八世紀後半～一九世紀初頭の英国で産業革命が起き、近代資本主義が成立していく過程にも、労働力が流動化し生産現場に商品として提供されることが可能となったことが不可欠の条件として影響している。

一五～一六世紀は寒冷期にあり、羊毛の需要が高まっていた。そのため英国では、領主たちは、それまで農業をおこなっていた土地から小作農を追い出し、牧羊を始めたのだ。そして、追い出された農民たちの子孫が、産業革命当時に都市部の工場で労働力となったのである。彼らがいなければ、当時の英国で近代資本主義が成立することはなかった可能性が高い。

第三章でカンボジアのＳＥＺを紹介したが、その成功の要因には同国の人口動態も挙げられている。一九七〇年代に原始共産主義を掲げたポル・ポト政権の粛清によって虐殺された知識階級は一〇〇万〜三〇〇万人といわれている。その後、一九九一年のパリ和平協定を経て政治的安定を取り戻した現在のカンボジアは、やはり数百万人の命が奪われた第二次世界大戦を経て戦後のベビーブームから高度成長期へと向かっていた当時の日本と似ているかもしれない。

二〇〇八年のカンボジアの人口動態を見ると、一〇〜一四歳の人口が最大の比率を占める構成となっている。これは、カンボジアに進出する企業にとっては価値を生み出すために不可欠な若い労働力が豊富に準備されていることを示すデータだ。このデータが、前述のようにベトナムやタイなどの東南アジアにおける工業化先発国からカンボジアのSEZへの移転を企業に促す要因のひとつとなったことは間違いない。

問題は、国境を越えた投資がおこなわれる現在の状況にあって、たとえ同一の多国籍企業内の財の移動だとしても、労働力が国境を越えて移動することはモノやカネと比べて簡単ではないということだ。

新自由主義的政策によって規制緩和を進め、政治的役割を企業に委譲している国家にとって、地図上に残された国境線と国土は最後の聖域かもしれない。海外からの投資を誘致するからといって、それと同じレベルで海外からの労働力を受け入れるわけにはいかないはずだ。

二〇一五年には、中東から流入する難民をヨーロッパ諸国が受け入れるかどうかが大きな問題となった。人道的な面から先進国として難民の受け入れ拡充に異論はない。そもそも日本の難民認定者数は少なすぎる。二〇一四年は難民申請者五〇〇〇人（前年比一七四〇人増）に対し認定者数は一一人（前年比五人増）に過ぎない。しかし、国際貢献のためでなく、低賃金の労働力確保のために移民・難民を受け入れるという発想であるならば、彼らの人権は著しく損なわれるであろう。特に国家戦略特区においては経営者が労働者を解雇する際のハードルが低い。移民・難民ならばなおさら立場が不安定である。

移民の受け入れは、その結果がどうであれ、国家の姿を変える。たとえ特区法を制定して区域内での規制緩和を認めたとしても（これにも憲法の定めるところによれば住民投票が必要だが）、移民の受け入れに関してはどうしても国家単位の議論が必要となるはずである。

多国籍企業による法人税逃れの手口

多国籍企業のなかには、タックス・ヘイヴン（Tax Haven＝租税回避地）を経由して取り引きをおこなうなどして、収めるべき法人税を巧みに極小化している企業も少なくない。

多国籍企業（Transnational corporations）の定義については、UNCTAD（国際連合貿易開発会議）が次のように示している。

「上場および非上場の企業で、親企業および海外子会社から構成され、親企業は一定の資本提携などを用いて本国以外の会社の資産を管理している企業を指す。その際、普通株による資本提携または非上場企業における投票権が一〇パーセント以上であること」

前掲のスーザン・ストレンジ『国家の退場』は、一九九二年に国連は多国籍企業（国連では超国籍企業と呼ぶ）をおおまかに三万五〇〇〇社、その子会社を一五万社とカウントしていたと述べているが、実際には正確な数は定かではない。

代表的なタックス・ヘイヴンとしては英領バミューダ諸島、英領ケイマン諸島などが挙げられるが、これらの土地には目立った産業がなく、金融や貿易の拠点となることで生計を立てようと考え、法人税がかからない会社設立方法・通貨決済方法などを採用しているのだ。

二〇一二年一〇月、ロイター通信が世界的なコーヒー店チェーン・スターバックスの英国法人「スターバックスUK」が英国の法人税をほとんど納めていないことをスクープした。米国・シアトルに本社を置くスターバックスは日本人にとっても馴染《なじ》みが深いが、英国へは一九九八年に進出し、二〇一二年現在で七三五店舗を展開している。英国への進出以降、同国で総額約三〇億ポンド（約三八一〇億円）を売り上げたが、納めた法人税は約八六〇万ポンド（約一一億円）だったというのだ。

英国は二〇一二年四月に法人税率を二六パーセントから二四パーセントに引き下げている（その後も段階的に引き下げ、現在は二〇パーセント）が、この比率でも単純計算すれば三〇億ポンドの売り上げに課される法人税は七億二〇〇〇万ポンドだ。どうしてこのような節税が可能になったかといえば、まずスターバックスUKはコーヒー一杯の売り上げに対し、六パーセントの知的財産使用料をオランダの自社法人に支払っている。さらにコーヒー豆は、スイスにある子会社から仕入れ、オランダで焙煎《ばいせん》してから英国に持ち込んでいる。こういった複雑な取り引きを経て、英国に納められるはずの法人税の約半分が英国外に分散されていたのだ。

つまり、既述したスーザン・ストレンジの指摘が現実のものとなっていたということだ。このスクープの後、英国ではスターバックスのコーヒーに対する大規模な不買運動が起きたが、英国での法人税逃れを指摘された多国籍企業はほかにもある。

「The Financial Times（FT）」によると、アップル社は、二〇一二会計年度（二〇一二年九月締め）の税引前利益が六八〇〇万ポンド（約八六億三六〇〇万円）であったにもかかわらず、英国の税務当局に一銭も税金を納めなかったという。ちなみに、二〇一一会計年度分としては、アップル社は一一四〇万ポンド（約一四億四七八〇万円）の税金を納付していた。

また、「サンデー・タイムズ」によると、フェイスブック英国法人は二〇一四年、一億五〇〇〇万ポンドの売り上げを計上。従業員には、給与やボーナスを平均で二一万ポンドも支払っていたにもかかわらず、法人としては二八五〇万ポンドの損失を計上したという理由で、英国の歳入関税庁にはたった四三二七ポンド（二〇一四年当時のレートで約八〇万円）

しか納付していなかった。そのカラクリは「経費は英国で計上し、法人所得はアイルランドで申告する」というものだった。

アイルランドの法人税率は現在、一二・五パーセント。そして、タックス・ヘイヴンを経由した取り引きをおこなう多国籍企業に有利となる、「ダブル・アイリッシュ」と呼ばれる〝複合技〟の租税回避策が可能だった。アイルランド政府は二〇一四年にこの回避策を使えなくする法改正をおこなったが、二〇一四年末の時点でアイルランドに法人を置き、すでに「ダブル・アイリッシュ」を実行している企業は、二〇二〇年までその恩恵に与かることができる。

国にも国民にも、利益はない

二〇一五年一一月、米国の製薬会社「ファイザー」がアイルランドの製薬会社アラガンと経営統合し、本社をアイルランドに置くと発表した（形式上はアラガンがファイザーを買収する形を取ると見られている）。当然、ファイザー社としては法人税の節税を狙《ねら》ったものだが、二〇一六年におこなわれる米国大統領選挙に向けた候補者たちの争点にもなっている。

「ファイザー社がアイルランドに移転して米国への法人税納付義務を回避することは許さない」という主張を、候補者たちは国民への呼びかけに取り入れているのだ。

SEZでは参入する外資系企業に対して関税や法人税の減免といった優遇措置が取られるのが普通だが、タックス・ヘイヴンを利用するような企業が国家戦略特区に参入すれば、日本政府が彼らからの税収を期待するのはさらに難しいだろう。という以前に、スターバックスもフェイスブックもアップルもファイザーも、日本法人を置いている。そこではすでに、前述したような節税措置がおこなわれていると考えるべきだろう。

もし、そのような企業を相手に強引な徴税をしようとすれば、第三章で紹介した韓国でのローンスターのような訴訟に発展することも考えられる。

経済のグローバル化の問題のひとつが、経済活動が国内で完結していれば可能だった「税制を通じた富の再分配」という政治機能が働かなくなる点にある。富は国境を越えて企業の都合で行き来し、一国の税制・政治機能は効力を失い、「富の再分配」はおこなわれなくなる。本書で国家戦略特区構想による格差の拡大を繰り返し指摘してきた理由がここにあるが、さらに、この構想は税金を投入しておこなわれているのである。国民にとって、メリットなどどこにもないといっていい。

ＯＥＣＤ（経済協力開発機構）とＧ20の加盟国が中心となってタックス・ヘイヴンを利用した企業の過度の節税策に対抗する税制を導入していく姿勢を示し、日本もこれと連携していく方針だが、いっぽうでシンガポールやマレーシアなど自国内の外資系企業に対して法人税などの大幅な減免をおこなっている国々の対応は不明である。ＳＥＺを設置して外資を誘致するためには、それほどの競争意識が必要だということでもある。

国には税収がなく、国民に対して富の再分配がおこなわれることもない。このようなグローバル経済がもたらすメリットは、どこにあるのだろうか。それは、日本の企業が日本よりも立場や前提条件の弱い国で利益を得た場合にかぎられる。まさに、この先に私たちを待っているのは弱肉強食の世界だ。しかし、日本でも大手といわれる企業の多くは、すでに多国籍企業といっていい。彼らが上げた利益に対して、日本が納められるべき税金のすべてを得ることは事実上、不可能だ。

国にも、国民にもメリットがない。負担は国民と国民が支える国家へ、利益は企業へ。これが国家戦略特区の正体である。

特区は米国の圧力から始まった

第一章で、小泉政権下で構造改革特区が設置されたのを境に、それ以前と以後で日本のSEZが大きく変質していることを述べた。一九七二年に日本初のSEZとなる自由貿易地域が沖縄に設置されてから、二〇〇二年にやはり沖縄に設置された金融業務特別地区・情報通信産業特別地区までが〝それ以前〟で、これらのSEZは限定的な性格を有していた。これに対し、二〇〇三年に構造改革特区が設置されて以降、菅政権による総合特区、そして現在の国家戦略特区は日本の社会・経済の構造を根本から変革しようとする戦略的目的を持つようになっている。この変質は、なにによるものなのか。ここで明らかにしておきたい。

驚きの事実がある。

二〇〇一年、当時の小泉純一郎首相とジョージ・W・ブッシュ米大統領の間で「日米規制改革及び競争政策イニシアティブ」の下で対話し、要望書（通称「年次改革要望書」）を毎年取り交わすことが決められた（二〇〇九年の民主党政権以降は廃止）。そして、その要望書が取り交わされるようになって二年目にあたる二〇〇三年五月の要望書に対する第二回報告書には、次のようにある。

「日本政府は、一連の規制改革措置をとってきており、その中には２００３年３月に決定された規制改革推進３か年計画の再改定が含まれる。さらに、米国政府は、日本政府が構造改革特別推進本部を設置し、２００３年４月に第一弾認定として57の特区を立ち上げたことを特に歓迎する。米国政府は、地方レベルの構造改革と規制緩和を通じて成長を促進するための革新的なアプローチとして特区の成功が確実なものとなるよう協力する機会を歓迎する。米国政府は、特区で成功した改革の措置が迅速に全国規模で適用されることを期待している」

二〇〇三年から設置された構造改革特区は小泉政権による構造改革の目玉とされ、当時、その設置の動機は「中国の経済特区が開放政策による経済発展の呼び水となったことにヒントを得た」と広く喧伝《けんでん》されていた。しかし実際には、規制緩和に対する米国からの強い要望に応《こた》える形で設置されたのだ。

そもそも、この要望書は日米間の経済面でのパートナーシップを強化するために双方が要望を出し合うという体裁になっているが、現実は、ほぼ一方的に米国からの要望に日本が応える恰好《かっこう》になっている。この要望書が取り交わされることは小泉元首相とブッシュ元大統領の間で決められたが、その源流は一九九三年の宮澤喜一元首相とビル・クリントン元大統領の時代まで遡《さかのぼ》ることができる。一九九三年七月一〇日に発表された「日米の新たなパートナーシップのための枠組みに関する共同声明」には、次のようにある。

「市場開放およびマクロ経済分野での措置を通じて競争力のある外国の製品及びサービスへのアクセス及び販売を相当程度増大させ、投資を増加させ、国際的競争力を増進するとともに、日米二国間の経済面での協力を強化することを目標とする」

現在の安倍首相が国家戦略特区について語った言葉かのような錯覚に陥るが、実際に同じことをいっているのだ。つまり、この一九九三年の共同声明から規制緩和・外資への市場開放という流れが作られ、現在の国家戦略特区へと続いていることになる。

さらに、この共同声明で掲げた目標を達成するために日本は、以下の取り組みをおこなうことを約束している。

「日本は、経常収支の黒字の十分意味のある縮小を中期的に達成すること、及び米国からの輸入を含めグローバルな製品及びサービス輸入の相当程度の増加を促進することを意図して、力強く持続的な内需主導型の経済成長を促進し、また、競争力のある外国の製品及びサービスの市場アクセスを増大するという中期的な目的を積極的に追求する。この関係で、日本は、これらの目的を実現するために必要に応じ財政・金融面での措置を含む諸措置を取る」

これに対し、米国側の約束は以下のようなものだ。

「財政赤字を相当程度削減し、国内貯蓄を奨励し、国際競争力を強化するという中期的な目的を積極的に追求する」

日本が「黒字幅を縮小」「輸入の増大」「内需主導型経済への移行」といった、平たくいえば「国内市場を開放し、貿易で儲《もう》け過ぎない」ことを約束しているのに対し、米国側の約束は逆に「もっと稼ぐように頑張ります」というものだ。明らかに不平等な内容だが、この流れが二〇〇二年から取り交わされている「日米規制改革及び競争政策イニシアティブ」に基づく要望書にも引き継がれているのだ。

日米貿易摩擦といわれなくなった真の理由

一九七〇年、当時の佐藤栄作首相は米国のニクソン大統領との会談の席で「繊維の対米輸出量を減らすように日本は自主規制をしろ」という要求を突きつけられた。一九六五年ごろから日米の貿易収支が逆転し、日本の黒字（＝米国の赤字）が続く状態になっていたことが背景にあるが、日本としては当初この要求に前向きではなく、佐藤元首相は「善処します」と応じてお茶を濁そうとした。しかし、この言葉を通訳官が“I'll do my best.”と訳したことで事態が紛糾したこともあり、結局、日本が米国の要求を呑《の》む形で一九七二年、日米繊維協定が結ばれたといわれている。

これが「日米貿易摩擦」の最初のケースであろう。以後、ジャパン・マネーが世界を席巻した一九八〇年代に入ると、日米貿易摩擦は自動車・農産物（コメ、牛肉、オレンジ）など多岐にわたる分野で問題とされ、それぞれの分野ごとの貿易交渉では日米間で緊迫した議論が繰り返された。

多くの分野で日本は関税の引き下げなどをおこない、米国に対して市場を開放してきたが、一九九〇年代半ば以降、「日米貿易摩擦」という言葉は聞かれなくなった。その理由は、バブル経済崩壊後の日本経済が低迷を続けていることもあるが、米国側が日本に対する要求の突きつけ方を変えたからだ。

前述の通り、分野ごとの日米貿易交渉は熾烈《しれつ》なものだった。米国側としても、時間も労力も要する。そこで、自分たちの要求を包括的な形で日本に突きつけ、従わせるための方法を考えた。それが一九九三年の「日米の新たなパートナーシップのための枠組みに関する共同声明」であり、二〇〇二年からの「日米規制改革及び競争政策イニシアティブ」に基づく要望書であったと見ることができるのだ。

先に紹介した二〇〇三年の「日米規制改革及び競争政策イニシアティブ」に関する報告書では、構造改革特区の設置を宣言した後、「外国企業は特区の成立や成功の上で重要な役割を果たすことができるように留意し、日本政府と米国政府は以下の事項を特に強調する」として、以下の三点を挙げている。

①米国企業も含め、外国企業が（構造改革推進）本部に特区の提案を行い、自らがビジネスの機会があると判断した特区に積極的に参加することを広く勧奨する。

②本部を通じ、規制改革イニシアティブが扱う分野における提案など、内外を問わず産業界が特区の提案を展開することを支援する。

③分野別横断的な問題に関する作業部会における積極的な情報交換、また、特区の成功に資する手段の探求を引き続き実施する。

特に注目したいのは①である。「外国企業が特区の提案を行う」ことが、構造改革特区の成功のための条件として強調されているのである。繰り返すが、こういった一連の流れは現在の国家戦略特区にも引き継がれている。この章の前半で紹介した通り、ワーキンググループによる集中ヒアリングの席で、モルガン・スタンレーMUFG証券のチーフ・エコノミストがひとりで四二件もの提案をおこなっているのだ。

国にも、国民にもメリットがない、と述べた。ならばいったい、誰のための特区なのか？　もはや、問うことすら無駄に思えてくる。

経済政策なのか、単なる政争の具か

第一章冒頭で、国家戦略特区構想はアベノミクス（第一ステージ）の第三の矢であることを述べた。そろそろ議論を終えるにあたって、もう一度、そのアベノミクスに返って検証してみたい。そもそもアベノミクスとは、経済政策なのか？

第一ステージの三本の矢で、国民の目に見える形で「たしかに矢は放たれた」ということを示したのは、第一の矢「大胆な金融政策」しかないといっていいだろう。この第一の矢に加えて、ＧＰＩＦ（年金積立金管理運用独立行政法人）のポートフォリオ基準を変更して株式市場への投資額を増やすことで安倍政権は「株高」を演出してきた。二〇一二年一二月に成立した第二次安倍政権は、すでに三年を超える長期政権となっているが、その背景に、この「株高」による主に高齢者層を中心とした支持率の高さがあることはいうまでもない。

「株価さえ高くキープしておけば、支持率は保たれる」。そう考える安倍政権の声が聞こえてこないだろうか。国家戦略特区構想のバックボーンであるアベノミクスは、そもそも経済政策ではなく政権維持のための施策だと見ることも可能だ。

そして国家戦略特区構想に限定して考えても、いわゆる「岩盤規制」への攻撃を目的とした「規制緩和のための規制緩和」であることは第二章で述べた通りだ。「岩盤規制」の背後にあるのは、日本労働組合総連合会や日教組といった民主党を支持する組織である。「日本再興」を掲げながら、安倍政権が考えているのは政局において敵対する勢力・支持母体を弱体化することにあるように思える。ここまで述べてきたように、国家戦略特区構想が純粋な経済政策として成功する可能性は極めて低いのだ。

そして、従来は自民党支持だった農協も、ＴＰＰ参加に抵抗するなら規制緩和で突き崩す。日医連も診療報酬の引き下げに抵抗するなら「岩盤規制」の元凶として攻撃する。国家戦略特区構想の本音は、こういった政争の具として利用することにあるのではないだろうか。

また、第二次安倍政権が成立して以降の日本は、従来から米国が要求してきた案件を続々と実現させている。TPPへの参加、集団的自衛権の行使容認、そして沖縄県との対立を明確にしながら米軍・普天間基地の辺野古への移設を強行するのも、同じ姿勢の表れだろう。

二〇一五年一一月には、現在の民主党・オバマ政権とは関係のない、共和党勢力のドナルド・ラムズフェルド元国防長官とリチャード・アーミテージ元国務副長官への旭日大綬章叙勲が発表されている。なぜ、現政権と関係のない、しかもイラク戦争の泥沼に引き込んだ張本人として米国では名前を聞くだけでブーイングする人も少なくないというラムズフェルドのような人物に叙勲するのか。私は経済学者で外交の裏舞台はわからないが、間違いなく政局的な理由があるはずだ。

第二章で「国家戦略特区構想は、TPPと特定秘密保護法との三位一体で進められている」と述べたが、そう考えればラムズフェルド、アーミテージへの叙勲、沖縄の基地移設問題も関連性を考えてみる必要はあるだろう。

いずれにしても国家戦略特区構想は、掲げているような「日本再興」や外資の誘致といった目的とは完全に異なる地点に日本を導くものだと考えて間違いないだろう。

あとがき　国家戦略特区への提言に代えて

「はじめに」で述べたように、私は経済学者として主にアジアにおける「経済開発」をテーマに研究活動をおこなっている。本書では、その立場から安倍政権の進める国家戦略特区構想に対し論評を加えてきた。安倍政権の経済政策について、特段の政治的意図を持って非難することが私の目的でないことは、ここで改めて確認しておきたい。が、手厳しい論評とならざるを得なかった理由は、ここまでお読みいただいた読者の方々にはよくおわかりのことと思う。

ここで、本書における私の主たる批判の論点をまとめておきたい。

まず第一章以下で、SEZ（特別経済区）とは本来、工業化を目指す途上国において効果を発揮する経済政策であることを述べ、現在の日本で国家戦略特区が国家あるいは国民に対し、経済的利益をもたらす形で機能することは期待できない点を指摘した。

続けて、第二章以下で国家戦略特区構想は、その効果が期待できないだけでなく、格差の拡大、人権の侵害、違憲性などの問題を持つものであることを指摘した。なかでも第三章では韓国・中国を中心としたアジア各国における特区の現状を報告、第四章では政権の民間頼りの無責任体質、経済政策の誤りを述べた上で、国家戦略特区は国民にも国家にもメリットがないことを指摘した。

以上が本書における私の批判の骨子で、国家戦略特区構想に対して「経済学的に間違っている」「社会的デメリットを助長する危険性すらある」という主張を繰り広げたことになる。

では、この二点の根本的問題は、どこから来るものなのか。それは第二章で触れた「アベノミクス・第二ステージ」の内容に端的に表れている。第二章では、

「五〇年後も人口一億人を維持する」

「『ニッポン〝一億総活躍〟プラン』を作る」

という政策全体のテーマを紹介したが、同時に安倍首相は「GDP六〇〇兆円を実現する」という目標も掲げている。前述した本書における批判の第一の論点とも通底するが、そもそも「現在の日本に、さらなる成長は必要か？」という議論が完全に抜け落ちている。

安倍政権、あるいはバブル崩壊以後の日本は、執拗《しつよう》に「経済成長」にこだわっている。それは、現在の日本に真に求められているのは第四章で述べたような産業モデルの抜本的な転換を含めた〝大きな改革〟であることの裏返しのように思えてならない。

経済成長は、社会にある諸々の問題を覆い隠す性格を秘めている。それを象徴するのが、本書の中心的論点でもある富の再分配（格差）問題だ。「イス取りゲーム」はゲーム参加者よりも少ないイスを取り合うものだが、実際にはひとりで複数のイス（富）を占拠している参加者がいる。当然、他の参加者は大きな不満を持つが、ゲームの主催者は「来年はイス（富）の総数を必ず増やしますから」と約束することで本質的な問題の解決を先延ばしすることができるのだ。

現在の日本、その経済の成熟度は間違いなく、成長から次のステージである「成熟」や「国民ひとりひとりの豊かさ」へとステップアップすべき段階にある。イスの数を増やすのではなく、まず公正なゲームを約束し、イスの質を向上させるべきだ。しかし、そのための根本的な議論を先送りにして、成長によって、顕在化している諸問題を覆い隠そうとしている。その姿勢を顕著に示すのが国家戦略特区構想である。

では、現在の日本に求められる本当の経済政策とはなにか。その提言をもって、本書の結びとしたい。

まず日本の経済社会を見る前提だが、ひとことでいうと、つねに供給が需要を上回る、すなわち「供給>需要」という不等式の社会ということだ。この不等式の社会では、つねに供給が需要を上回るので、モノを作っても売れない、売れ残ってしまう社会を意味する。その結果、低成長が常態化する。それは今までのような量的成長を追い求めたGDP至上主義が終わりを告げるということを意味する。

言い換えれば、日本の資本主義が限界に近づきつつあるということだ。さらにこうした事態に拍車をかけるのが、第二章でも述べた急速な人口減少である。日本は、二〇〇五年の一億二七七七万人から二〇五五年には九一九三万人へと、実に約三六〇〇万人も人口が減少する。また生産年齢人口(一五~六四歳)も二〇〇五年の八四〇九万人から二〇五五年には四七〇六万人へと約三七〇〇万人も減少してしまう。二〇一四年のひとりあたりGDP三万六二二二ドルを基準とすると、日本のGDPは約一六〇兆円が失われ三三〇兆円ほどになってしまう計算だ。これでは、安倍首相がいう「二〇二〇年までにGDP六〇〇兆円達成」どころではなくなる。

こうしたモノが売れない社会、人口が減少する社会には、それに対応した経済政策を考えなければならない。

その政策こそ、サービス（おもてなし）、知識創造を中心とした新たな産業の育成である。その産業こそ観光産業であり農業だ。

かつては観光というと、生産活動以外での時間とカネを使って生み出される非経済活動であり、単に富の再分配の一部であるかのような印象があり、一国の経済成長とは無縁の存在と見られていた。しかし、実はその波及効果は極めて大きい。

例えば、二〇一三年の旅行消費に対する付加価値（何らかの「モノ」を使って新しい「モノ」を生み出すことにより、元の価値より高価な価値が作り出される効果）の波及効果は、付加価値効果が二四・九兆円、雇用効果が四一九万人、税収効果が四・三兆円となり、これらはそれぞれの直接効果の約二倍に達する。

観光産業の注目すべき点はそれだけではない。ほかの産業への影響も大きい。外国人観光客の旅行によって、旅行業、製造業、小売業、金融業、運送業、宿泊業など多くの産業にも影響を与えるからだ。

いっぽう、日本を訪れる外国人観光客は二〇一四年に一三四一万人で、世界第二二位に過ぎない。アジアだけに限っても七位という状況だ。現状では日本の観光産業は、魅力ある産業に育っていないということだ。

他方、彼らの訪日目的は、第一位が「日本食」、第二位が「ショッピング」となっている。特に、二〇一五年の「ユーキャン新語・流行語大賞」の年間大賞にもなった「爆買い」をする中国人観光客の消費行動を見ると、昼間は大型量販店で炊飯器をはじめとした電化製品やドラッグストアーに行って化粧品などを大量購入する。また別の中国人観光客は大型スーパーに行き、コメをまとめ買いする。

さらに夜には高級すし店やステーキハウスに行き、最高級の料理をカネに糸目もつけず注文する。彼らに共通して見られるキーワードは「高級志向」「自然志向」だ。言い換えれば、彼らが購入したり、食しているのは単なる「メイド・イン・ジャパン製品」ではなく、「安心・安全」という信頼感だ。これこそ、日本が世界に誇るサービスであり、知識創造産業なのだ。

そして外国人観光客に地産地消を味わってもらうため、農産地＝地方に向かわせれば農業の活性化、地域の活性化にもつながる。要するに特区など作らなくても十分に日本社会は豊かになれるということだ。

したがって、日本観光の最大の目玉である農業を柱とした観光産業を育成することこそ、二一世紀に日本が目指す国家戦略である。

従来型の大量生産・大量消費型経済モデルと、それを極限まで推し進めようとする国家戦略特区ではなく、日本が誇るサービスと知識に裏打ちされた産業を育成することで、モノが売れない社会、人口減少の社会でも十分に豊かな生活を送ることができる。

これこそが日本社会が目指すべき社会であり、世界から尊敬の念を持って信頼される社会になるための道でもある。

日本はいま、重大な岐路に立たされている。国家戦略特区に象徴される利益のみを追求しる新自由主義的社会に進むのか、調和を重んじた脱成長型社会に向かうのか。国民的議論を置き去りにして進む国家戦略特区に日本社会を預けては、将来に禍根を残すことになるだろう。

残された時間は決して多くないのである。

取材・構成／田中茂朗
図版制作／株式会社ＲＵＨＩＡ

郭 洋春（カク ヤンチュン）

立教大学経済学部教授。専門は開発経済学。一九五九年千葉県生まれ。一九八三年法政大学経済学部卒業。一九八八年立教大学経済学研究科博士課程単位取得満期退学。一九九四年立教大学経済学部経済学科助教授。二〇〇一年より同大教授。著書に『開発経済学―平和のための経済学』『現代アジア経済論』『TPP すぐそこに迫る亡国の罠』など。

国家《こっか》戦略《せんりゃく》特区《とっく》の正体《しょうたい》 外資《がいし》に売《う》られる日本《にっぽん》

集英社新書〇八二〇A

二〇一六年二月二二日 第一刷発行
二〇一九年二月一二日 第二刷発行

著者……郭《カク》 洋春《ヤンチュン》
発行者……茨木政彦
発行所……株式会社集英社
東京都千代田区一ツ橋二-五-一〇 郵便番号一〇一-八〇五〇
電話 〇三-三二三〇-六三九一（編集部）
〇三-三二三〇-六〇八〇（読者係）
〇三-三二三〇-六三九三（販売部）書店専用

装幀……原 研哉
印刷所……大日本印刷株式会社 凸版印刷株式会社
製本所……株式会社ブックアート

定価はカバーに表示してあります。

ISBN 978-4-08-720820-7 C0231

Printed in Japan

a pilot of wisdom

集英社新書　好評既刊

政治・経済——A

闘う区長　保坂展人
対論！ 日本と中国の領土問題　横山宏章／王雲海
戦争の条件　藤原帰一
金融緩和の罠　藻谷浩介／河野龍太郎／小野善康／萱野稔人
バブルの死角 日本人が損するカラクリ　岩本沙弓
TPP 黒い条約　中野剛志・編
はじめての憲法教室　水島朝穂
成長から成熟へ　天野祐吉
資本主義の終焉と歴史の危機　水野和夫
上野千鶴子の選憲論　上野千鶴子
安倍官邸と新聞「二極化する報道」の危機　徳山喜雄
世界を戦争に導くグローバリズム　中野剛志
誰が「知」を独占するのか　福井健策
儲かる農業論 エネルギー兼業農家のすすめ　金子勝／武本俊彦
国家と秘密 隠される公文書　久保亨／瀬畑源
秘密保護法—社会はどう変わるのか　宇都宮健児／堀敏明／足立昌勝／林克明
沈みゆく大国 アメリカ　堤未果
亡国の集団的自衛権　柳澤協二
資本主義の克服「共有論」で社会を変える　金子勝
沈みゆく大国 アメリカ〈逃げ切れ！ 日本の医療〉　堤未果
「朝日新聞」問題　徳山喜雄
丸山眞男と田中角栄「戦後民主主義」の逆襲　佐高信／早野透
英語化は愚民化 日本の国力が地に落ちる　施光恒
宇沢弘文のメッセージ　大塚信一
経済的徴兵制　布施祐仁
国家戦略特区の正体 外資に売られる日本　郭洋春
愛国と信仰の構造 全体主義はよみがえるのか　中島岳志／島薗進
イスラームとの講和 文明の共存をめざして　内藤正典／中田考
「憲法改正」の真実　樋口陽一／小林節
世界を動かす巨人たち〈政治家編〉　池上彰
安倍官邸とテレビ　砂川浩慶
普天間・辺野古 歪められた二〇年　宮城大蔵／渡辺豪
イランの野望 浮上する「シーア派大国」　鵜塚健

a pilot of wisdom

自民党と創価学会　佐高 信
世界「最終」戦争論 近代の終焉を超えて　内田 樹／姜 尚中
日本会議 戦前回帰への情念　山崎雅弘
不平等をめぐる戦争 グローバル税制は可能か？　上村雄彦
中央銀行は持ちこたえられるか　河村小百合
近代天皇論 ――「神聖」か、「象徴」か　片山杜秀／島薗 進
地方議会を再生する　相川俊英
ビッグデータの支配とプライバシー危機　宮下 紘
スノーデン 日本への警告　エドワード・スノーデン／青木 理 ほか
閉じてゆく帝国と逆説の21世紀経済　水野和夫
新・日米安保論　柳澤協二／伊勢﨑賢治／加藤 朗
グローバリズム その先の悲劇に備えよ　中野剛志／柴山桂太
世界を動かす巨人たち〈経済人編〉　池上 彰
アジア辺境論 これが日本の生きる道　内田 樹／姜 尚中
ナチスの「手口」と緊急事態条項　長谷部恭男／石田勇治
改憲的護憲論　松竹伸幸
「在日」を生きる ある詩人の闘争史　金 時鐘／佐高 信

決断のとき――トモダチ作戦と涙の基金　小泉純一郎 取材・構成 常井健一
公文書問題 日本の「闇」の核心　瀬畑 源
大統領を裁く国 アメリカ　矢部 武
国体論 菊と星条旗　白井 聡
広告が憲法を殺す日　本間 龍／南部義典
よみがえる戦時体制 治安体制の歴史と現在　荻野富士夫
権力と新聞の大問題　望月衣塑子／マーティン・ファクラー
「改憲」の論点　木村草太／青井未帆 ほか
保守と大東亜戦争　中島岳志
富山は日本のスウェーデン　井手英策
スノーデン 監視大国 日本を語る　エドワード・スノーデン／国谷裕子 ほか
「働き方改革」の嘘　久原 穏
国権と民権　佐高 信／早野 透
限界の現代史　内藤正典
除染と国家 21世紀最悪の公共事業　日野行介
安倍政治 100のファクトチェック　南 彰／望月衣塑子
「通貨」の正体　浜 矩子

集英社新書　好評既刊

社会――B

グーグルに異議あり！　明石昇二郎
モードとエロスと資本　中野香織
子どものケータイ―危険な解放区　下田博次
ルポ 在日外国人　髙賛侑
教えない教え　権藤博
携帯電磁波の人体影響　矢部武
イスラム―癒しの知恵　内藤正典
モノ言う中国人　西本紫乃
二畳で豊かに住む　西和夫
「オバサン」はなぜ嫌われるか　田中ひかる
新・ムラ論TOKYO　隈研吾　清野由美
原発の闇を暴く　広瀬隆　明石昇二郎
伊藤Pのモヤモヤ仕事術　伊藤隆行
電力と国家　佐高信
愛国と憂国と売国　鈴木邦男
事実婚 新しい愛の形　渡辺淳一

福島第一原発―真相と展望　アーニー・ガンダーセン
没落する文明　萱野稔人　神里達博
人が死なない防災　片田敏孝
イギリスの不思議と謎　金谷展雄
妻と別れたい男たち　三浦展
「最悪」の核施設 六ヶ所再処理工場　小出裕章　渡辺満久　明石昇二郎
ナビゲーション「位置情報」が世界を変える　山本昇
視線がこわい　上野玲
「独裁」入門　香山リカ
吉永小百合、オックスフォード大学で原爆詩を読む　早川敦子
原発ゼロ社会へ！ 新エネルギー論　広瀬隆
エリート×アウトロー 世直し対談　堀田力　玄秀盛
自転車が街を変える　秋山岳志
原発、いのち、日本人　浅田次郎　藤原新也 ほか
「知」の挑戦 本と新聞の大学Ⅰ　一色清　姜尚中 ほか
「知」の挑戦 本と新聞の大学Ⅱ　一色清　姜尚中 ほか
東海・東南海・南海 巨大連動地震　高嶋哲夫

a pilot of wisdom

千曲川ワインバレー 新しい農業への視点　玉村豊男
教養の力 東大駒場で学ぶこと　斎藤兆史
消されゆくチベット　渡辺一枝
爆笑問題と考える いじめという怪物　太田光／NHK「探検バクモン」取材班
部長、その恋愛はセクハラです！　牟田和恵
モバイルハウス 三万円で家をつくる　坂口恭平
東海村・村長の「脱原発」論　村上達也／神保哲生
「助けて」と言える国へ　奥田知志／茂木健一郎
わるいやつら　宇都宮健児
ルポ「中国製品」の闇　鈴木譲仁
スポーツの品格　桑田真澄／佐山和夫
ザ・タイガース 世界はボクらを待っていた　磯前順一
ミツバチ大量死は警告する　岡田幹治
本当に役に立つ「汚染地図」　沢野伸浩
「闇学」入門　中野純
100年後の人々へ　小出裕章
リニア新幹線 巨大プロジェクトの「真実」　橋山禮治郎

人間って何ですか？　夢枕獏 ほか
東アジアの危機「本と新聞の大学」講義録　一色清／姜尚中 ほか
不敵のジャーナリスト 筑紫哲也の流儀と思想　佐高信
騒乱、混乱、波乱！ ありえない中国　小林史憲
なぜか結果を出す人の理由　野村克也
イスラム戦争 中東崩壊と欧米の敗北　内藤正典
刑務所改革 社会的コストの視点から　沢登文治
沖縄の米軍基地「県外移設」を考える　高橋哲哉
日本の大問題「10年後を考える」――「本と新聞の大学」講義録　一色清／姜尚中 ほか
原発訴訟が社会を変える　河合弘之
奇跡の村 地方は「人」で再生する　相川俊英
日本の犬猫は幸せか 動物保護施設アークの25年　エリザベス・オリバー
おとなの始末　落合恵子
性のタブーのない日本　橋本治
ジャーナリストはなぜ「戦場」へ行くのか ―取材現場からの自己検証　危険地報道を考えるジャーナリストの会・編
医療再生 日本とアメリカの現場から　大木隆生
ブームをつくる 人がみずから動く仕組み　殿村美樹

a pilot of wisdom

集英社新書　好評既刊

性のタブーのない日本
橋本 治　0810-B
性をめぐる日本の高度な文化はいかに生まれたのか？タブーとは異なる「モラル」から紐解く驚愕の文化論。

経済的徴兵制
布施祐仁　0811-A
貧しい若者を戦場に送り込む〝謀略〟は既にはじまっている！「政・官・軍」ぐるみの悪制の裏側に迫る。

ジャーナリストはなぜ「戦場」へ行くのか――取材現場からの自己検証
危険地報道を考えるジャーナリストの会・編　0813-B
政権の報道規制に危機を感じたジャーナリストたちが自己検証を踏まえながら、「戦場取材」の意義を訴える。

消えたイングランド王国
桜井俊彰　0814-D
歴史の狭間に消えゆく故国「イングランド王国」に命を賭した、アングロサクソン戦士たちの魂の史録。

ヤマザキマリの偏愛ルネサンス美術論
ヤマザキマリ　0815-F
『テルマエ・ロマエ』の作者が、「変人」をキーワードにルネサンスを解読する、ヤマザキ流芸術家列伝！

野生動物カメラマン〈ヴィジュアル版〉
岩合光昭　040-V
数多くの〝奇跡的〟な写真とともに世界的動物写真家が綴る、撮影の舞台裏と野生動物への尽きせぬ想い。

生存教室 ディストピアを生き抜くために
内田 樹／光岡英稔　0816-C
大ヒット漫画『暗殺教室』の主題をめぐり、希代の思想家と武術家が生き残るための「武術的知性」を語る。

医療再生 日本とアメリカの現場から
大木隆生　0817-B
日米両国で外科医療に携わった著者が、「医療崩壊」後の日本医療が抱える問題を示し、再生への道筋を描く。

テロと文学 9・11後のアメリカと世界
上岡伸雄　0818-F
アメリカ国民はテロをどう受け止めたのか。作家たちが描いた9・11以降のアメリカと世界を徹底考察。

ブームをつくる 人がみずから動く仕組み
殿村美樹　0819-B
数々の地方PRを成功に導いたブームの仕掛け人が、具体的かつ実践的な〝人を動かす〟技術を公開する。

既刊情報の詳細は集英社新書のホームページへ
http://shinsho.shueisha.co.jp/

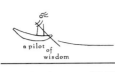